Barbara Klein

Glücksorte am Niederrhein

Fahr hin und werd glücklich

Droste Verlag

Dieses Buch gehört

....

....

....

Vorwort

Momente des Glücks – man will sie erleben, man will sie festhalten, man will sich daran erinnern. Und manchmal möchte man gezielt dort hingehen, wo man solche Momente erfahren hat. „Orte des Glücks" meint eben die Urheber jener kleinen Momente, die einem ein Lächeln ins Gesicht zaubern, die einen durchatmen lassen und die einem manchmal erst im Nachhinein bewusst werden. Das ist der Augenblick, in dem man denkt: Schön war's – dorthin werde ich wieder gehen.

Die Recherche zu diesem Buch hat mir viel gegeben. Ich habe altbekannte Orte aufgesucht, habe mit noch mehr Aufmerksamkeit meine Blicke schweifen lassen, meine Ohren gespitzt und habe hie und da Menschen gefragt, was es Besonderes an den Orten gibt. Allein die Idee, nach Orten des Glücks zu suchen, hat mir schon so gut gefallen, dass ich bloß beim Gedanken daran ein Lächeln wie oben beschrieben im Gesicht hatte. Ich habe natürlich auch für mich neue Orte (auf)gesucht, habe aktiv nach Plätzen gefragt, habe in den letzten Monaten sehr viel Neues und sehr viel Schönes gesehen. Meine Auswahl ist selbstverständlich ein Vorschlag; es wird noch viel mehr Orte geben und noch viel mehr Gründe, warum man, warum Sie dort Glück empfinden. Probieren Sie die 80 Orte aus diesem Buch selbst aus und Sie werden sich unterschiedlich stark hingezogen fühlen. Der eine bevorzugt den Wald, die andere ist lieber im Trubel. Mir ist der Niederrhein schon immer ans Herz gewachsen, und nun ist wortwörtlich das Attribut „glücklich machend" hinzugekommen.

Ihre Barbara Klein

Inhaltsverzeichnis

Inhaltsverzeichnis

In luftiger Höhe

 Das Hallenhaus auf der Halde Norddeutschland

Auf der ehemaligen Bergehalde des einstigen Bergwerkes Niederberg thront seit 2006 ein „Skelett-Haus" (Hallenhaus), von dem man an klaren Tagen einen beeindruckenden Blick über die niederrheinische Landschaft und weit über das Ruhrgebiet genießen kann.

Das Stahlgerüst Hallenhaus steht auf einem Sockel, sodass am Rand eine Sitzstufe entstanden ist, die zur Rast einlädt. Von hier oben sieht man in der Ferne die Autobahn, vereinzelte Kraftwerke, Industrieanlagen, Wohngebiete und bezaubernd viel Grün der Mischwälder und Felder ringsum. Die Aufschüttung „Halde Norddeutschland" besteht aus achtzig Millionen Tonnen Gestein und ist genau genommen ein riesiger Haufen Geschichte. Mit der Begrünung, dem Anlegen von Wanderwegen, dem Ausrichten von Festivals und dem Bau der Landmarke Hallenhaus hat man diese lange und prägende Phase des Bergbaus mit der Moderne vereint.

Hier treffen nun scheinbar natürlich Vergangenheit und Gegenwart aufeinander, vereinen sich und wirken entspannt und belebend. Eine halbe Stunde in ungefähr hundert Metern Höhe sitzen und schauen, wie sich die Gegend „unten" heute darstellt. Beobachten, wie die Greifvögel langsam über der sich auf einundachtzig Hektar ausbreitenden Halde kreisen, wie vor und hinter einem das Getreide das Spiel des Windes mitmacht, wie Freizeitsportler ihre Drachen ausprobieren. Spüren, wie im Sommer die Hitze von unten nach oben dringt und sich hier in der Brise verliert. All das liefert ungeahnte Entspannungsmöglichkeiten. Abends bietet sich durch eine Lichtinstallation am Hallenhaus eine ganz eigene, fast magische Atmosphäre.

Es empfiehlt sich, die Halde zu Fuß oder mit dem Rad zu erklimmen. Beliebt ist die Aufstiegsmöglichkeit über die „Himmelstreppe", einer weiteren Landmarke.

TIPP Erholen Sie sich bei einer Wanderung durch den Vluynbusch und entdecken Sie ein wenig Ortsgeschichte, z. B. am Wasserschloss Bloemersheim.

Hallenhaus Halde Norddeutschland, 47506 Neukirchen-Vluyn, Tel. (0 28 45) 3 91-166 oder -230, www.neukirchen-vluyn.de
ÖPNV: Keine direkte Anbindung (nächste Haltestelle Gewerbegebiet Nord)

Schiff ahoi!

2 *Das Rheinufer bei Meerbusch*

Meerbusch, eine Stadt im Rhein-Kreis Neuss, liegt am Rhein und verfügt über eine wunderbar breite und schöne Uferregion. Nicht nur Hundeliebhaber wissen die ausgedehnte Fläche zu schätzen, sondern auch Freizeitsportler und Spaziergänger nutzen die gut ausgebauten Wege auf dem Hochwasserschutzdamm sowie die bei Trockenheit gut begehbaren Trampelpfade direkt am Wasser.

Durch die Bäume blitzen sieht man die Flughafenbrücke mit den V-förmigen Pylonen. Geht man bei Niedrigwasser weiter den Strand entlang, kann man den vollen Blick auf die Brücke, aufs gegenüberliegende Ufer und die vorbeiziehenden Schiffe genießen.

Der Rhein ist für die Region immer schon eine Lebensader gewesen, und auch heute wird anhand der Anzahl der Schiffe täglich klar, wie wichtig dieser Wasserweg ist. Wichtig ist er auch für die Menschen, die den Fluss für die Erholung brauchen wie die Luft zum Atmen. Gute zwölf Kilometer lang ist das Rheinufer zwischen Krefeld und Meerbusch – das ist reichlich Raum für lange Spaziergänge. Vielleicht fährt man mit der Fähre von Langst-Kierst auch mal hinüber nach Kaiserswerth? Diese kleine Schiffsverbindung hat eine jahrhundertelange Tradition. Schon früher wurden Menschen und Waren von hüben nach drüben gebracht.

 TIPP Besuchen Sie den tonnenschweren Beuys-Kopf, den dessen Schüler Anatol Herzfeld aus Stein gemeißelt hat und der seinen Platz in Meerbusch am Rhein gefunden hat.

Durch den Damm ist die Stadt Meerbusch vor Hochwasser recht sicher. In früheren Zeiten mussten sich die Menschen oft mit dem Wasser herumplagen, wenn dem Rhein sein Bett zu eng geworden war. Doch daran muss man heute zum Glück nicht mehr denken. Man steht oben auf dem Kamm, lässt sich den Wind um die Nase wehen, hört das Tuckern der Schiffe, sieht den herumtollenden Hunden zu. Möglicherweise dreht man selbst mit Inlineskates auf den asphaltierten Abschnitten seine Runden oder schaut nur von einer der Bänke auf dem Deich aufs Wasser und die Pappeln. Hier kann man das Leben einfach und direkt spüren.

○ Rheinufer, 40667 Meerbusch, www.meerbusch.de
○ ÖPNV: U 76, Haltestelle Büderich Landsknecht

Eine Insel ohne Berge

3 *Bislicher Insel bei Xanten*

Der Rhein floss einst nicht so wie heute, doch wo er mal war, hat sich hie und da die Natur eine Nische geschaffen. Solch eine Nische ist die Bislicher Insel, die eigentlich gar keine Insel ist. Sie liegt zwischen der Römerstadt Xanten und Ginderich im Kreis Wesel, ist durch die Verlagerung des Stroms nach Süden entstanden und gehört zu den wenigen noch vorhandenen Auenflächen in Deutschland. Mit einer Gesamtfläche von zwölf Quadratkilometern ist sie ein Refugium für Ausflügler, die es schätzen, seltene Vogelarten beobachten zu können und in der Stille der Natur spazieren zu gehen. Der größte Teil der „Insel" ist als Naturschutzgebiet ausgewiesen. Vögel, die ein feuchtes Habitat als Lebensraum benötigen, finden hier gute Bedingungen. Viele Tausend Wildgänse leben den Winter über an diesem Ort am Niederrhein und ziehen ihre Jungen groß. Auch findet sich hier die größte Kormorankolonie in Nordrhein-Westfalen. Seltene Schmetterlingsarten sowie Schnecken lassen sich beobachten. Überhaupt hat der Artenschutz Priorität.

Vor Jahren schon hat man sich bemüht, sowohl den Biber auf der Bislicher Insel wieder heimisch zu machen als auch Zwerggänse vor dem Aussterben zu retten. Viele weitere Tierarten zu Lande und im Wasser genießen den Schutz dieses besonderen Fleckchens Erde. Im Sommer sieht man Weidetiere die Wiesen „pflegen". Spaziergänger sind erwünscht, jedoch sollte man sich an die Regeln halten. Reiten ist nicht erlaubt, ebensowenig wie Schwimmen. Mitten auf der Insel ist ein Besucherzentrum eingerichtet worden, das den interessierten Gästen behilflich ist, mannigfache Glücksmomente beim Beobachten der Natur zu erfahren. Wer viel weiß, sieht auch viel! Der Regionalverband Ruhr Grün hat sich hier niedergelassen, und mit Eifer wird die Dauerausstellung „AuenGeschichten" gezeigt. Wenn Sie am Besucherzentrum vorbeispazieren, schauen Sie nach links. Dort steht gut sichtbar ein „Pfahl" mit einem Storchennest. Vielleicht entdecken Sie den Adebar …? Führungen auf der Insel kann man telefonisch verabreden.

TIPP Besinnliche Ruhe und üppige Vegetation finden Sie auch bei einem Spaziergang durch den Wald bei Uedem.

Bislicher Insel, Bislicher Insel 11, 46509 Xanten, Tel. (0 28 01) 98 82 30
www.naturforum-bislicher-insel.de
ÖPNV: Ab Bahnhof Xanten Bus SL 40, Haltestelle Beekscher Weg,
ab hier ca. drei Kilometer Fuß- und Radweg entlang des Rheins

Zwischen Kopfweiden

4 *Die Niers bei Viersen-Süchteln*

Die Niers ist ein typischer Flachlandfluss und mit einer Länge von circa hundertsiebzehn Kilometern eine bedeutende, kleine Wasserstraße auf niederrheinischem Gebiet. Sie entspringt bei Erkelenz, genauer im Ort Kuckum, und verläuft über Mönchengladbacher Fläche, durch Neersen, Viersen, Grefrath, über Wachtendonk, Straelen, Geldern, Wetten und Kevelaer, um schließlich hinter Weeze, Goch und dem niederländischen Gennep in die Maas zu münden.

Obwohl die Niers über viele Flusskilometer Opfer der Begradigungs-strategie vergangener Jahrzehnte ist, bietet die Uferlandschaft nicht wenig für Erholungssuchende. Beispielhaft soll hier Viersen-Süchteln angeführt werden, wo das Gewässer durch lange „Alleen" fließt, wo wieder Ufer-böschungen entstanden sind und Biber ein Zuhause gefunden haben. Viele Pappeln, aber auch zahlreiche andere Baumarten wie Eschen und Erlen bereichern die örtliche Flora. Als Freizeitraum ist das Flüsschen ein spannender Spielpartner für Paddler und Kanuten. Hier in Süchteln geht so manche Tour los, die dann bis Wachtendonk verläuft.

Unter den zahlreichen Brücken herzufahren oder auf einer solchen zu stehen und dem ruhig dahinfließenden Wasser zuzusehen, frischt die erschöpften Batterien wieder auf und lässt dem Niederrheiner stolz die Brust schwellen. Zwischen Süchteln-Vorst und Oedt gibt es einen ganz besonderen Übergang: die „Insektenbrücke". Der Name erschließt sich, wenn man dort ankommt. Lassen Sie sich überraschen …

Das Tal, durch das die Niers fließt, ist ursprünglich vom Rhein geschaffen worden. Gletscher der vorletzten Eiszeit haben zusätzlich ihr Scherflein beigetragen, dass der Flusslauf so entstanden ist. Damals vor etwa 200.000 Jahren schoben sich nämlich Eismassen Richtung Westen und prägten nachhaltig die Landschaft. Es tut gut, wenn man sich beim Blick aufs Wasser oder die Kopfweiden bewusst macht, dass nichts dem Zufall überlassen ist.

Nicht nur die Biber freuen sich über diese Landschaft, sondern auch die Spaziergänger, die Inlineskater, Radfahrer …

● Anlegestelle Paddeltouren, Tönisvorster Straße, Niersbrücke, 41749 Viersen, www.viersen.de
● ÖPNV: Bus 083, Haltestelle Grabenstraße oder Bus 066, Haltestelle Hagen

Ein Tag in der Natur

5 *Volkspark Oermter Berg in Rheurdt*

Geologisch gesehen ist der Oermter Berg eine Endmoräne. Die Erhebung ist also ein Vermächtnis der Eiszeit, die ungefähr 150.000 Jahre zurückliegt. Heute befindet sich auf dem achtundsechzig Meter hohen Berg ein Volkspark, der jedes Jahr Tausende Menschen anlockt. Dieses Erholungsgebiet existiert nun schon bald hundert Jahre. Der Kreis Moers erwarb im Jahr 1900 den Berg, auf dessen Südseite früher Wein angebaut wurde, um einen Erholungsort daraus zu machen. 1922 entstand ein Erholungsheim für Kinder, 1935 wurde das erste Tiergehege errichtet, das jedoch im Zuge des Zweiten Weltkriegs wieder geschlossen wurde. In den Fünfzigerjahren wurde die Weiterentwicklung des Freizeitparks forciert.

Den Wald hat man urig und naturnah belassen. Deshalb findet man viele Hölzchen, Stöckchen und Wurzeln, über die man steigen kann. Für Rot- und Damwild wurde ein Gehege angelegt. Eine lehrreiche Sammlung mit Exponaten über Tiere und Wälder am Niederrhein folgte.

Heutzutage zeichnet sich der Kreis Kleve verantwortlich für den Betrieb der Freizeitanlage. Tiere lassen sich hier beobachten, u. a. Rotwild und Mufflons, Spielplätze laden zum Toben ein, Rasenflächen zum Ballspielen. Es gibt eine neue Ausstellung, die auch die Entwicklung von der Eiszeit bis zur Industrialisierung zum Thema hat und ebenso dem Naturschutz Raum bietet. Das Verständnis von und für die Natur steht unter dem Motto: „Der Mensch braucht die Natur, aber die Natur braucht nicht den Menschen."

TIPP Es lohnt sich der Besuch der Bürgerbegegnungsstätte mit der „Naturkundlichen Sammlung Niederrhein", wenn man mehr über die Entwicklung der Region erfahren möchte.

Was diesen Ort zum Lieblingsort oder Glücksort machen kann, ist neben der Fülle an erfahrbarer Natur nicht zuletzt die Möglichkeit, sich hier mit Familie oder Freunden zu treffen und ein Grillfest zu feiern. Grillhütten stehen bereit, und gegen eine Gebühr kann man den Platz mieten. Zum bequemen Anreisen dürfen die Grillhüttennutzer in der Nähe auf dem Berg parken. So lässt sich ein Tag planen, an dem es etwas zu spielen, etwas zu entdecken, etwas Bewegung und etwas zu essen gibt. Was will man mehr? (Gutes Wetter vielleicht noch!)

Volkspark Oermter Berg, Niederend 113, 47509 Rheurdt,
Grillplatz Oermter Berg, Haus Freudenberg, Tel. (0 28 45) 94 97 12, www.volkspark-oermter-berg.de
ÖPNV: Bus 077, Haltestelle Oermter Berg

Süßes für die Seele

6 *Fabrikverkauf Griesson–de Beukelaer in Kempen*

Zur Belohnung ein Plätzchen oder zum Trost einen Keks. Als Nachtisch einen Schokocookie oder einfach mal zwischendurch etwas Süßes, weil's schmeckt und Glücksgefühle auslöst. Mannigfach lassen sich Süßigkeiten einsetzen. Aber wo kann ich mir einen adäquaten Vorrat zulegen? Ganz einfach, in Kempen gibt es einen Fabrikverkauf der Firma Griesson–de Beukelaer, wo man nach Herzenslust von den Mustertellern probieren darf und wo es zu Sonderpreisen und in Sondergrößen all das herrliche Backwerk gibt, das unserer Seele so gut tut. Allen voran der beliebte Keks mit dem Prinzen auf der Packung. Ein Ort also, in dem es das (kleine) Glück zu kaufen gibt …

Das findet sich auch in der Unternehmensphilosophie wieder, denn dass „Kekse ein Lächeln ins Gesicht zaubern" ist der Antrieb für die jahrhundertealte Tradition, die hinter den Namen Griesson und De Beukelaer steckt. Im Jahr 1850 beginnt die Geschichte, als der Belgier Edouard de Beukelaer anfängt, in seiner eigenen Bäckerei ansprechende und haltbare Plätzchen zu backen, um ein Gegengewicht zu den englischen Marktanteilen zu schaffen. Schon zwanzig Jahre später ist aus der Bäckerei eine Fabrik geworden und der Siegeszug des Doppelkekses nicht mehr aufzuhalten. Im selben Jahrhundert profiliert sich Gottlieb Anton Gries in Kobern an der Mosel mit Backwaren, Lebkuchen und Bonbons. De Beukelaer wird 1900 zur Aktiengesellschaft, und die Firma Gries wird im Laufe der Jahre zum etablierten Familienunternehmen. 1924 wird aus Gries „Griesson". 1955 kommt Kempen mit ins Spiel, denn hier baut der Sohn De Beukelaers eine Keksfabrik und macht somit sein flämisches Backwerk in großem Stil in Deutschland populär. Bereits in den Sechzigerjahren ist aus den ehemaligen Backstuben ein weltweit operierendes Unternehmen (General Biscuits) geworden. 1999 fusionieren Griesson und General Biscuits. Die Produktpalette ist riesig, was die Kunden freut. Und in Kempen freut man sich ganz besonders über die Möglichkeit, direkt beim Erzeuger kaufen zu können. Das ist Glück für die Niederrheiner – Glück, das man schmecken kann.

🔴 **Griesson–de Beukelaer GmbH & Co. KG, Fabrikverkauf Kempen, Arnoldstraße 62 47906 Kempen, Tel. (0 21 52) 1 41-4271, www.debeukelaer.de**
🔴 **ÖPNV: Bus 063, 066, 068, 069, 093, Haltestelle Bahnhof Kempen**

Ein Ort zum Wohlfühlen

 7 *Der Wildpark im Grafenberger Wald in Düsseldorf*

Man betritt den Wildpark im Grafenberger Wald durch eine der Klapptüren, die verhindern, dass Tiere aus dem Gelände herauslaufen. Das deutet schon darauf hin, dass hier im Inneren der Anlage nicht die Einzäunungen dominieren, sondern der Freiheitsgedanke. Der Grafenberger Wald ist ein Wald voller Tiere; er gilt als einer der ältesten Wildparks Deutschlands. Es ist aber nicht „nur" ein Tiergehege, sondern ein Ort, an dem sich die pelzigen Kreaturen wohlfühlen und möglichst natürlich leben können.

Immerhin haben hier offiziell rund hundert Tiere ein Zuhause bekommen, und somit ist die Anlage nicht nur für Familien mit kleinen Kindern ein reizvolles Ausflugsziel. Nicht nur die Tiere, sondern der Wald an sich lohnt schon einen Besuch. Hat man hier doch ein grünes und üppiges Dach über sich, das so gar nicht an Großstadt erinnert.

Schon Ende der Zwanzigerjahre des letzten Jahrhunderts wurde der Wildpark mit einem zehn Hektar „kleinen" Gehege eröffnet. In den Fünfzigerjahren wurde es – nach dem Krieg – auf dreißig Hektar erweitert und ist heute angewachsen auf knapp vierzig Hektar.

Rothirsche, Rehe, Muffelwild und Wildschweine können erlebt und beobachtet werden, sofern das Wild das will, denn die Tiere haben viele Möglichkeiten, sich zurückzuziehen. Sie kommen nur hervor, wenn sie es möchten.

Aber auch die Besucher können sich ein ruhiges Plätzchen suchen, um zu picknicken oder die gute Luft zu genießen, sich auszuruhen … Zahlreiche Tische und Bänke stehen hierfür zur Verfügung. Daneben gibt es im Grafenberger Wald viele Informationstafeln, eine Waldschule, einen Waldlehrpfad, einen Spielplatz und Wanderwege ins Pillepachtal zur Zerstreuung und für Wissbegierige. Ein besonderes Highlight dürfte für viele Kinder (und Erwachsene) die Möglichkeit sein, dem Damwild Futter aus der Hand anbieten zu können.

Der Grafenberger Wald ist nicht nur für die Menschen ein Ort zum Glücklichsein, sondern eben auch und vor allem für die Tiere. Wenn dieses Ziel erreicht ist, dreht sich das Glückskarussell wie von selbst.

◗ Grafenberger Wald, Rennbahnstraße 60, 40629 Düsseldorf, Tel. (02 11) 65 19 03
www.duesseldorf.de
◗ ÖPNV: Straßenbahn 703, 709, 713, Haltestelle Auf der Hardt, von dort 15 Minuten Fußweg

Magie am Abend ...

8 *An der Egelsbergmühle in Krefeld*

Als offizielles Denkmal der Stadt Krefeld erzählt die Egelsbergmühle auf dem gleichnamigen Berg von einer regen Vergangenheit. Im Jahr 1802 in Betrieb genommen war die Turmwindmühle als Ort zum Getreidemahlen begehrt. Die Antriebskraft Wind wurde knappe hundertdreißig Jahre später ersetzt durch einen Motor. Im Zweiten Weltkrieg wurde sie 1945 stark beschädigt, aber nach dem Krieg wiederhergestellt. In den Fünfzigerjahren übernahm die Stadt das Gebäude und ließ den Mühlenkopf umbauen.

Anfang der Achtzigerjahre installierte man eine Lichtanlage, die den Turm abends in eine fast magische Atmosphäre versetzt. Nicht umsonst treffen sich hier gerne Liebespaare. Sogar Hochzeiten werden hin und wieder an diesem ruhigen Ort gefeiert. Auch wird die Mühle, die nach holländischer Bauart errichtet ist, für Lesungen genutzt oder für Kunstaustellungen. Als bekanntestes Bauwerk des Ortsteils Traar ist sie auf dem heimischen Wappen abgebildet. Die Webseite des Heimatvereins verrät stolz, dass man sie schon mal auf das Titelbild einer bundesweit bekannten Fernsehzeitschrift gebracht hat.

TIPP Flugrestaurant am Flugplatz Egelsberg-Krefeld. Hier kann man bei Sonnenschein draußen sitzen und die Flugzeuge beobachten.

Einen entspannten Blick auf die umliegenden Wiesen und Felder genießt man am besten von einer der beiden Bänke, die vor der Mühle stehen. Man befindet sich hier in unmittelbarer Nähe zum Flugplatz Egelsberg-Krefeld mit seinem Sonderlandeplatz und kann deshalb auch die Motor- und Segelflieger beobachten, während sie in die Lüfte steigen, um die imposanten Flügel der Mühle mit einem Durchmesser von fast zwanzig Metern von oben zu betrachten.

Der Egelsberg liegt auf sechsundvierzig Metern über Null und bietet Wanderfreunden über Schotter-, Feld- und Wirtschaftswegen herrliche Aussichten in die Heidelandschaft mit zahllosen Exemplaren der niedrigwachsenden lilafarbenen Erika.

▶ Egelsbergmühle, Am Egelsberg 54, 47802 Krefeld-Traar, Tel. (0 21 51) 86-0, www.krefeld.de
▶ ÖPNV: Bus 052, Haltestelle Winkelsweg

Zwiegespräch am Rhein

Rheinpromenade in Rees

Am unteren Niederrhein liegt Rees, die Stadt, die als älteste ihrer Art in der Region gilt und über eine der schönsten Rheinpromenaden verfügt. Wer in Rees über die Promenade spaziert, bleibt unweigerlich an der Bronzeplastik „Zwiegespräch" stehen. Zwei Mädchen, Laura und Yasmin, verbildlicht vom Künstler Jürgen Ebert, „unterhalten" sich auf stumme Art und Weise.

H. D. von der Strauchburg hat 2004 ein Märchen (Die Bronzemädchen) über diese beiden Freundinnen veröffentlicht, in dem es um Verwünschung und Befreiung geht. Als Fotomotiv ist die Statue sehr beliebt, weswegen immer wieder Passanten stehen bleiben und sich fragen, worüber die Mädchen wohl sprechen mögen.

Weitere Plastiken verschönern den Gang am Rhein. Besonders bekannt ist der Rhinkieker, der nicht direkt auf der Promenade steht, sondern vom Marktplatz aus durch eine Gasse auf den Rhein blickt und scheinbar die vorüberfahrenden Schiffe betrachtet. Dieter von Levetzow hat diese Figur geschaffen und damit einen typischen Bürger der Stadt dargestellt, der gerne zum Klönen auf den Markt geht und alles mitbekommen will, was in und um Rees passiert.

TIPP *Lassen Sie sich auf dem Planetenwanderweg von den Dimensionen des Universums verzaubern.*

Dass Besucher dieser niederrheinischen Mini-Metropole zahlreiche Gelegenheiten haben, ein Café zu besuchen oder sich mit herzhaften Speisen beglücken zu lassen, muss nicht extra erwähnt werden.

Diejenigen, die sich mit der Historie befassen, werden am Mühlenturm ein Weilchen stehen bleiben, der Alte Zollturm wird ebenfalls ihre Aufmerksamkeit erregen und selbstverständlich bleibt auch die Stadtmauer nicht unerkannt.

Die Stadtbefestigungsanlagen, die sich in Rheinnähe befinden, weisen restaurierte Kasematten auf. Da lohnt es sich, die Promenade auch mal zu verlassen; das, übrigens, lohnt sich sowieso, damit der Rhinkieker auf dem Marktplatz jemanden zum Quatschen hat …

● Touristenbüro, Markt 1, 46459 Rees, www.rees-erleben.de
● ÖPNV: Bus 88, 95, 61, Haltestelle Rees Busbahnhof

Rapunzel, wo bist du?

 ## Burg Uda in Grefrath

Vom einstigen Wahrzeichen der Gegend, der Burg Uda, steht heute nur noch der Turm. Vermutlich deswegen denkt man sofort an Rapunzel, wenn man davor steht.

Befindet man sich auf dem Grundstück dieser ehemaligen Anlage, tut sich vor dem inneren Auge eine mittelalterliche Festung auf, die imposant und beeindruckend gewesen sein muss. Erbaut wurde Burg Uda um 1300 von Detlef Luf III. von Kleve. Ein halbes Jahrhundert später war sie unentbehrlich in der Verteidigung des Kölner Kurfürsten Walram von Jülich gegen die Herzogtümer Geldern und Jülich. Rund dreihundert Jahre später wurde sie durch hessische Truppen stark beschädigt und diente im Nachgang als Amtshaus von Oedt. Die Franzosen schließlich setzten die Zerstörung fort und sprengten die Burg 1757.

Heute ist sie immer noch ein Wahrzeichen und auf jeden Fall ein besonderer Ort, allein aufgrund der langen Geschichte. Wer mag hier ein- und ausgegangen sein, wer mag hier gekämpft und gelebt haben? Wer hat hier gehofft, gebangt und geliebt?

TIPP

Erleben Sie einen Rundflug über die Region vom Flugplatz Niershorst aus.

Vor einigen Jahren ist der Turm saniert worden, und das Grundstück wird von ansässigen Vereinen und z. B. der Landjugend liebevoll gepflegt.

Nachts wird das Gemäuer durch neue Lichtinstallationen angestrahlt. In einer Schutzhütte gleich nebenan kann man Grillevents organisieren; in der Burg selbst gibt es seit der Renovierung eine Ausstellung zur Örtlichkeit, zu Oedt und der Niers, die in unmittelbarer Nachbarschaft fließt. Und wenn man den Turm hinaufkraxelt, lässt sich ein wunderbarer Blick über die Landschaft und ins nahe Dorf genießen. Spätestens dann denkt man nicht mehr an Rapunzel, sondern fühlt sich selbst wie im Märchen.

> Burg Uda, Zur Burg Uda, 47929 Grefrath, Tel. (0 21 58) 4 08 06 12, www.burguda.de
> ÖPNV: Keine direkte Anbindung, nächste Haltestelle: Bus 062, 066 bis Oedt Kirche

Ein Garten voller Farbtupfer

 Der Bunte Garten in Mönchengladbach

Mitten in Mönchengladbach liegt der Bunte Garten mit einer faszinierenden Fülle an Blumen, Sträuchern und Bäumen. Auf circa dreißig Hektar finden die Städter und Besucher eine Menge Spazierwege, Ruhebänke und Wiesen zum Treffen, Spielen oder Klönen.

Eingebettet zwischen der Kaiser-Friedrich-Halle und dem Hauptfriedhof lockt der Stadtgarten seit 1890 Erholungssuchende an. Damals wurde der Kaiserpark angelegt, und heute noch gibt es Bäume aus dieser Zeit. So gedeiht nach wie vor eine stattliche Blutbuche zwischen zahlreichen anderen Baumarten.

Besonders im Frühjahr fallen die üppigen Rhododendren und Azaleen auf und verströmen mit ihren rosa- und lilafarbenen Prachtblüten Urlaubsgefühle. Im Botanischen Garten nahe der Bettrather Straße, der auch Teil des Bunten Gartens ist, gibt es eine auffällige Vogelvoliere, die zum Stehenbleiben animiert, und Teiche mit Karpfen und Goldfischen. In diesem Teil des Parks befinden sich weitere Besonderheiten wie der fünfunddreißig Meter hohe Küstenmammutbaum, der Apothekergarten mit Heilkräutern, der Duft- und Tastgarten und, und, und …

 TIPP — Als Kontrastprogramm bietet sich ein Einkaufsbummel in der neuen Mall „Minto" an.

Anfang des vorigen Jahrhunderts wurde der Garten durch den Bau der Tonhalle (Kaiser-Friedrich-Halle) bereichert. Heute noch finden dort regelmäßig Großveranstaltungen in Form von Partys und Konzerten statt. Außerdem wird seit Jahren erfolgreich eine Vortragsreihe mit Nobelpreisträgern durchgeführt, die immer zahlreiche Besucher anlockt. Gleich nebenan befindet sich die Konzertmuschel, die seit geraumer Zeit im Sommer wieder für Freiluftkonzerte genutzt wird.

Dieser grüne Teil von Mönchengladbach ist aufgrund seiner Geschichte auch Gedenk- und Ruhestätte für z. B. Louise Gueury, die ein für Lungenkranke bedeutendes Krankenhaus gegründet hat.

Viele besondere Orte lassen sich im Garten finden – man muss nur die Augen offenhalten.

Anschrift des Fördervereins: Netzwerk Bunter Garten e. V., Viersener Straße 292
41063 Mönchengladbach
ÖPNV: Bus 009, Haltestelle Hagelkreuzstraße, Bus 001, 015, Haltestelle Kaiser-Friederich-Halle, Bus 015, Haltestelle Bunter Garten, Bus 019, Haltestelle Viersener Straße Friedhof

Beschauliches Dorfleben

 12 *Marktstraße in Aldekerk*

Die Kirche markiert in Deutschland meist das Zentrum eines Ortes. So auch in Aldekerk. Das imposante Gotteshaus Sankt Peter und Paul stellt die religiöse Mitte des Dorfes dar und begrüßt den Besucher schon von Weitem. Mächtig ragen seine Spitzen in den Himmel, und niemanden wird es verwundern, dass dieses denkmalgeschützte Gebäude zu den schönsten Kirchen am Niederrhein zählt. Aldekerk ist ein Ortsteil von Kerken, zugehörig zum Kreis Kleve, die zuständige Gemeinde von Peter und Paul ist die Dionysius-Gemeinde Kerken, die man 2010 aus drei Pfarreien geeint hat (Aldekerk, Nieukerk und Stenden). Das heutige Bauwerk existiert seit dem 19. Jahrhundert und ist im neugotischen Stil errichtet. Urkundlich bestätigt ist ein Kirchenhaus an diesem Flecken bereits seit dem 11. Jahrhundert. Geschichtsträchtig ist der Boden hier also allemal, und die „alte Kirche" findet sich ja schon im Namen der Ortschaft. Die Marktstraße, in der das Gotteshaus steht, ist ein Ort mit Tradition und voller Leben. Man sollte nicht meinen, im Dorf sei nichts los. An normalen Tagen passieren viele Menschen diese kleine Straße in dem vermeintlich stillen Ort, gut zu beobachten vom Kirchplatz aus, der mit seinen Bänken zum Ausruhen einlädt. Hier sitzt man in der Stille, aber dennoch mittendrin. Gegenüber lädt eine Bäckerei zum Kaffee ein, von dort lässt sich hinter dem Schaufenster ein weiterer attraktiver Beobachtungsposten beziehen. Oder man lässt sich ein auf ein kleines Gespräch mit den Einheimischen, die irgendwie nett scheinen und ihr kleines Dorf schätzen. Die wissen, dass es in Aldekerk durchaus auch Leute gibt, die Furore machen. Da ist z. B. der Handballverein, dessen Mannschaften ab und zu in den oberen deutschen Ligen spielen. Flugbegeisterte Menschen finden vor den Toren des Ortes ihr Mekka: Der Flugplatz der Ultraleichtflieger Kerken und ein Modellflugplatz behaupten sich hier seit Jahren. Doch zurück ins Dorf, zur Kirche, zum Kirchplatz, zur Marktstraße. Einfach mal Dörfler sein …

TIPP Wer neugierig auf Ultraleichtfliegen ist, kann sich beim UL-Fliegerclub Kerken e. V. Anregungen holen.

▶ Marktstraße, 47647 Kerken, www.kerken.de
▶ ÖPNV: Bus 079, Bus 31, Bus 33, RFB 31, RFB 34, Haltestelle Aldekerk Bahnhof, Kerken

Ruhe auf dem „Tafelberg"

 Die Halde Pattberg in Moers-Repelen

Von 1962 bis in die Achtzigerjahre hinein wurde der Abraum der Zeche Pattberg in Moers-Repelen hier aufgeschüttet zu einem terrassierten Tafelberg. Dass die Bergehalde planvoll und nachhaltig sinnvoll geschah, lag im Interesse der Ruhrkohle AG. Der Plan ist aufgegangen: Durch Begrünung und ein Plateau in circa fünfundsiebzig Metern Höhe fühlen sich zahlreiche Anwohner der umliegenden Städte animiert, das eher unscheinbare Naherholungsgebiet für Spaziergänge oder zum Mountainbiken zu nutzen. Vom Parkplatz aus geht man entweder auf einem schmalen, serpentinartigen Weg auf den Gipfel dieses künstlichen Bergs oder man nimmt den Hauptweg auf der Südseite und stößt unterwegs auf einen metallenen Unterstand, der ein Relikt aus dem Bergbau ist (Grubenausbauprofil). Oben angekommen heißt es: Durchatmen. Oben ist der Himmel, ist Weite und viel Grün, ist wunderbare Aussicht, ist eine Gelegenheit zum Zu-sich-selbst-Kommen. Denn hier lenkt einen nichts ab.

Auf dem Plateau stehen eine Bank und ein Kreuz, das an den ersten ökumenischen Gottesdienst auf der Halde erinnert, der im Jahr 1991 stattfand. Hier gibt es nichts Spektakuläres, außer natürlich – wie erwähnt – den Blick über die Region. Vom Kreuz aus erschließt sich einem die Sicht Richtung Duisburg. Man überblickt ein lebendiges, vielgestaltiges und durch den Bergbau geprägtes Gebiet, in dem Menschen leben, die ihre Heimat lieben, die den Lärm unten mögen, die es schätzen, dass der Natur an einem Ort wie diesem wieder viel zurückgegeben wird, was man ihr anderswo genommen hat. Von der Südseite aus überblickt man Kamp-Lintfort, die Stadt, die für 2020 als Austragungsort der Landesgartenschau ausgewählt wurde. Vieles ist in Bewegung, doch die Halde ist ein Platz der Ruhe geworden, auch wenn die A 57 von unten her zu hören ist. Bewegung, Ruhe, Luft, Himmel, Vogelgesang, hin und wieder ein aufsteigender Greifvogel auf Erkundungsflug und die entfernten Geräusche von der Autobahn. Das alles und viel mehr gehört hierher.

TIPP Unternehmen Sie einen Spaziergang durch den prächtigen Terrassengarten am Kloster Kamp.

🔘 Halde Pattberg, Pattbergstraße, 47445 Moers, www.moers.de
🔘 ÖPNV: Keine direkte Anbindung

Mystisches im Wald

14 *Die Irmgardiskapelle in Viersen-Süchteln*

Im Hohen Busch in Viersen, jenem Höhenzug, der sich neben der Bockerter Heide und der Niersniederung als beliebter Erholungsraum den Niederrheinern anbietet, lebte einst im tiefen Mittelalter die Jungfrau Irmgardis, an die heute noch mit dem Beinamen des Stadtteils Süchteln („Irmgardisstadt") erinnert wird.

Die Irmgardiskapelle mitten im Wald ist ein beliebter und verehrter Pilgerort, nicht nur zur Zeit der Irmgardisoktav, die jedes Jahr nach dem 4. September zahlreiche Gläubige zu den Gottesdiensten unter freiem Himmel anlockt. Die Kapelle steht auf dem Heiligenberg schon seit Mitte des 17. Jahrhunderts. Bereits zuvor gab es an dieser Stelle von 1498 bis 1589 ein kleines Gotteshaus. Eine Besonderheit ist auch die Irmgardisquelle, im Volksmund „Irmgardis-Pöttsche" genannt, die seit 1948 mit einem kleinen Tor abgesperrt ist, auf dem Kreuz, Herz und Anker zu sehen sind, die Symbole für Glaube, Liebe, Hoffnung. In früheren Zeiten kamen Frauen hierher und baten um Kindersegen. Die Quelle befindet sich auf der Südseite etwas unterhalb der Kapelle. Der Sage nach hat sich Irmgardis hier mit Wasser versorgt, als sie wie eine Einsiedlerin im Wald gelebt haben soll. Eine Linde vor der Kapelle soll ihr Schutz vor Räubern geboten haben. Dieser Baum wurde erst Mitte der Fünfzigerjahre gefällt.

TIPP *Für die sportlich Interessierten bietet der Kletterwald Niederrhein in den Süchtelner Höhen eine Menge Herausforderungen.*

Egal, ob man die Geschichte um die „heilige" Irmgard glaubt oder nicht – der Ort hier im Wald hat immer etwas Mystisches und Beschützendes. Der Glaube spielt dabei keine Rolle. Wenn man Kraft und Hoffnung schöpfen möchte, so komme man hierher und versuche sich vorzustellen, wie eine Frau alleine unter den Bäumen ihr Seelenheil gefunden hat. Eine Frau, die eigentlich gut versorgt gewesen wäre, ihr Vermögen aber für die Armen im Volk gegeben hat. Die Gebeine der Irmgardis, die nie offiziell heiliggesprochen wurde, aber in der Bevölkerung als Heilige gilt, sind im Kölner Dom bestattet.

● Süchtelner Höhen, www.soetele.de
● ÖPNV: Bus 064, 067, 074, Haltestelle Süchtelner Höhen

Strandfeeling am Rhein

 Strandkörbe auf der Promenade in Emmerich

Die direkt an die Niederlande grenzende Hansestadt Emmerich ist stolz auf ihre moderne Strandpromenade, die zum Bummeln und Verweilen einlädt. Von hier aus hat man einen wunderbaren Blick auf den Rhein und die gegenüberliegende Landschaft sowie auf die längste Hängebrücke Deutschlands, die den Fluss überspannt.

Ein besonderes Highlight bietet die Stadt seit 2007. Damals stellte man die ersten Strandkörbe auf, um den Gästen und Einwohnern von Emmerich etwas anderes zu bieten als normale Sitzbänke. Mit sechs Körben fing es an, mittlerweile ist die Zahl schon zweistellig, und es gibt eigens Exemplare in kleinerer Form für Kinder. Flanierende nutzen die rot-weiß gestreiften Sitznischen sehr gerne, um Pause zu machen, um Leute anzuschauen oder um mit geschlossenen Augen den Sonnenschein zu genießen und sich wie im Urlaub an der See zu fühlen.

Zu finden sind die Strandkörbe während der Saison auf der Promenade in Höhe des Informationsbüros für Touristen. Rechts und links davon ist eine Fülle von Gastronomiebetrieben und Geschäften, die das Urlaubsgefühl durchaus verstärken dürften.

TIPP Eine Menge Sehenswertes bietet das Schiffsmuseum Emmerich.

Die ursprünglich aus Holz und Korbgeflecht hergestellten Sitze haben eine lange Tradition in Seebädern zum Schutz vor Zugluft. Bereits Ende des 16. Jahrhunderts waren Sitzmöbel mit einem hochgezogenen Rückenteil und nach vorne gewölbtem „Dach" bekannt.

Doch als Erfinder des eigentlichen Strandkorbs gilt der Hofkorbmachermeister Wilhelm Bartelmann aus Rostock. Er und dessen Frau schufen das Erfolgsmodell „Strandkorbvermietung". Zuerst gab es dieses Angebot in Warnemünde, von dort wurde es schnell publik. Heute können die Gäste in Emmerich kostenfrei die schützenden Sessel nutzen, was der Stadt ein weiteres attraktives Attribut verleiht.

Noch eine Besonderheit rund um das Sitzmöbel: Der „Strandkorb" ist ein deutsches Phänomen, für das es keine Übersetzung in andere Sprachen gibt.

Tourist-Information, Rheinpromenade 27, 46446 Emmerich am Rhein, Tel. (0 28 22) 93 10 40
www.emmerich.de
ÖPNV: Bahnhof Emmerich Bus SB 58, Haltestelle Geistmarkt

Das Wasser des Lebens

 Der Wasserturm in Mönchengladbach

Eines der Wahrzeichen von Mönchengladbach ist der Wasserturm, der recht zentral gelegen an der Viersener Straße steht. Besonders ist er, weil er als der schönste Wasserturm in Jugendstilart von Deutschland gilt. Geplant wurde er vom Stadtbaumeister Otto Greiß und im Jahr 1909 nach zweijähriger Bauzeit fertiggestellt. Der Wille, ihn zum Wahrzeichen zu machen, war von vornherein da, und da der Turm bisher die Zeiten überdauerte und auch im Zweiten Weltkrieg keinen Schaden erlitten hat, existiert er noch immer in alter Schönheit (aber mittlerweile renoviert). Er ist über fünfzig Meter hoch und liebevoll gestaltet mit Skulpturenkränzen, die städtische Honoratioren zeigen bzw. Wassertiere, die nach außen hin seine Verbindung mit dem Element Wasser verdeutlichen. An der dem Münster zugewandten Seite findet sich ein Relief in der Fassade mit dem Abbild des Stadtheiligen Vitus.

Der Turm ist als Baudenkmal eingetragen, wird aber weiterhin zur Wasserversorgung der Mönchengladbacher genutzt. Die unteren wie auch die oberen Stadtgebiete werden von hier aus versorgt. Der Standort ist ein natürliches Hochplateau, und technisch ist das Bauwerk für seine Zeit eine Hochleistung gewesen, da die Last des oberen Behälters nur durch die Außenwände und nicht von einem komplizierten inneren Stützwerk getragen wird.

TIPP *Unternehmen Sie von hier aus einen Abstecher in den Bunten Garten und erleben Sie eine weitere besondere Seite der Stadt.*

Besonders ist auch, dass das ehemalige Pumpenwärterhäuschen für je zwei Jahre an junge Kunsttalente vergeben wird, die hier in Ruhe arbeiten können. Besucher können den wundervollen Panoramablick, den der Turm nach Besteigung über 234 Stufen liefert, an jedem ersten Samstag im Monat erleben. Dort oben zu stehen und den Ausblick auf die Stadt zu genießen mit dem Wissen, dass es in diesem Gebäude um so etwas Lebenswichtiges wie sauberes Wasser geht, ist etwas Besonderes. Schön, nützlich und sehenswert – der Neue Wasserturm Mönchengladbach.

Wasserturm, Viersener Straße, 41050 Mönchengladbach, www.moenchengladbach.de
Auskunft über: NEW AG, Odenkirchener Straße 201, 41236 Mönchengladbach
Tel. (0 21 66) 6 88-2406
ÖPNV: Bus 010, 019, Haltestelle Wasserturm

Rast unterm „Glücksbaum"

 Der Schönwasserpark in Krefeld

Der Schönwasserpark ist die älteste Volksparkanlage Krefelds. Sie besteht seit dem 19. Jahrhundert. Als besonderer Anziehungspunkt stand das Ausflugslokal Haus Schönwasser lange in der Gunst der Krefelder Bürger und auch der Besucher aus der Ferne. Hier konnte man die vom Spaziergehen müden Glieder ausstrecken und sich behaglich einer Tasse Kaffee oder einem kühlen Bier widmen. Das ist lange her und datiert in die Zeit vor dem Ersten Weltkrieg. Was geblieben ist, ist der Park, der mit seinem See auch im Winter ein Highlight bietet, da die Wasserfläche, zu Eis geworden, den Schlittschuhläufern als beliebte Plattform dient.

Mit der Existenz eines Bauernhofes mit dem Namen „Schoenwater" begann für diesen Flecken in Bockum seine Blütezeit. Auf dem Grundstück baute sich um 1830 der Tabakfabrikant Helgers ein opulentes Herrenhaus. Ende des 19. Jahrhunderts wurde aus diesem Anwesen durch Johann Bends ein Ausflugslokal. Wenige Jahre später gelangte das prosperierende Unternehmen in den Besitz der Stadt Krefeld. Im Gegensatz zur Stadt, die einen wirtschaftlichen Aufschwung erlebte, geriet das zuvor beliebte Lokal in die Bedeutungslosigkeit und musste geschlossen werden.

TIPP *Weitere Glücksstellen entdecken Sie mit Sicherheit bei einem Spaziergang durch den Botanischen Garten mit seinem besonderen Wegenetz durch alte und neue Themengebiete.*

Nach dem Krieg diente es als Notunterkunft und drohte in der Folgezeit zu verfallen. Um den endgültigen Abriss zu verhindern, setzten sich Lokalpolitiker Mitte des vorigen Jahrhunderts für den Erhalt ein, und schließlich wurde ein Studienseminar in dem daraufhin restaurierten Gebäude eingerichtet. Mittlerweile gibt es Bestrebungen, die Tradition eines klassischen Ausflugslokals wieder aufleben zu lassen und am Eingang des Parks eine neue gastronomische Attraktion einzurichten. Doch der Park ist auch so schon einen Besuch wert, besonders interessant ist das Platanenplateau zwischen dem Haus Schönwasser und dem See, das ein richtiges Blätterdach bietet. Prachtstück inmitten der Platanen ist die über zweihundertjährige Federbuche. Nennen wir ihn den Glücksbaum Krefelds … Stellen Sie sich darunter, schauen Sie nach oben, atmen Sie tief ein, und es stellt sich wie von selbst ein Wohlbefinden ein.

Schönwasserpark, Schönwasserstraße 1a, 47800 Krefeld-Bockum, www.krefeld.de
ÖPNV: Bus 054, Haltestelle Schönwasserstraße

Zwischen duftenden Blumen

 18 *Im Alten Garten des Klosters Kamp in Kamp-Lintfort*

Der Alte Garten am Osthang des Kamper Berges ist Teil des Klosters Kamp und bot in früheren Zeiten den einfachen Mönchen die Möglichkeit, Zerstreuung durch gärtnerische Tätigkeiten zu finden. Den opulenten Terrassengarten durften sie nicht nutzen, sondern waren gehalten, mit der vorgelagerten kleineren Anlage vorliebzunehmen.

Nach historischen Bildvorlagen wird auch heute das Pflanzkonzept beibehalten, das man vor Jahrhunderten begonnen hat. So kann sich der Besucher Pflanzungen nach Farbthemen und gezielt ausgesuchten Pflanzgemeinschaften anschauen. Auch sollen die Bienen reichlich ernten können. Deren Produkt kann man schließlich im Klosterladen und im Museumsshop erwerben als nachhaltige Erinnerung an einen Besuch im Garten. Vom Alten Garten aus sieht man die Turmspitzen des Klosters durch die Bäume blitzen, und kennt man das Kloster noch nicht, keimt sofort Lust auf, über die Treppe in dessen Richtung zu laufen, um das Gotteshaus in seiner ganzen Größe zu erkunden. Doch ganz so schnell sollte es nicht gehen, denn es lohnt sich, von einer der Ruhebänke aus die Stille des Gartens zu genießen, die trotz der anliegenden Straße zu spüren ist. Auch kann man einen Blick oder gar einen Schritt in das Glashaus wagen, denn hier werden archäologische Besonderheiten gezeigt und erklärt. Tritt man den Aufstieg zur alten Zisterzienserabtei Kamp an, sollte man nicht vergessen, sich auf der Treppe noch einmal umzudrehen und die liebevoll gepflegten Beete in ihrer prächtigen Gesamtheit zu bewundern. Nehmen Sie doch auch hier auf der bereitstehenden Bank noch einmal Platz, um den Anblick in vollen Zügen zu genießen. Mitten im Jahr duften die Sommerblumen, Gräser und Stauden wiegen sich bis in den Herbst hinein im Wind, immergrüne Hecken und Sträucher dominieren im Winter, und im Frühling zeigen die Zwiebelblumen, dass sie nicht in Vergessenheit geraten möchten.

Der Alte Garten ist Teil des Wandelweges in Kamp-Lintfort, der das alte Zechengebiet mit dem Kloster verbindet.

TIPP Buchen Sie im Vorfeld eine Führung und erfahren Sie alles über die eindrucksvolle Abteikirche und die große Klosteranlage.

▶ **Kloster Kamp, Abteiplatz 13, 47475 Kamp-Lintfort, Tel. (0 28 42) 92 75 40, www.kloster-kamp.eu**
▶ **ÖPNV: Bus 32, S-Bus 30, Haltestelle Kloster Kamp**

Luxuriöses am Rheinknie

19 *Rheinwiesen Oberkassel in Düsseldorf*

Zwischen der Rheinkniebrücke und der Oberkasseler Brücke liegt auf der linksrheinischen Seite Oberkassel, einer der teuersten und begehrtesten Stadtteile der Landeshauptstadt.

Hier gibt es eine gute Infrastruktur, hier gibt es wunderbar erhaltene Altbauten, in denen das Wohnen im Luxus mit Blick auf den mächtigen Strom zum Lebensgefühl gehört. Hier haben berühmte Menschen gelebt und gewirkt und tun es noch. Namen wie Joseph Beuys, Günther Uecker und Jörg Wiele fallen gleichzeitig mit dem Namen Oberkassel. Der Rhein verleiht durch seinen Knick, den er an dieser Stelle macht, dem Stadtteil die Form einer Halbinsel. Dieser Rheinbogen wird auch Rheinknie genannt, wodurch die Brücke, die Oberkassel mit Unterbilk und Friedrichstadt verbindet, ihren Namen hat. Weitläufigkeit vermitteln die Wiesen, die zwischen dem Rhein und der Wohnbebauung in Oberkassel liegen. Hier lässt es sich atmen, hier geht das Herz auf beim Blick auf die andere Seite und beim Blick auf das glitzernde Wasser.

Einen besonderen Wechsel der Atmosphäre erlebt dieser Ort einmal im Jahr, in der dritten Woche im Juli. Dann nämlich findet

TIPP Von der Rheinkniebrücke aus erschließt sich einem das wunderbare Panorama der Landeshauptstadt.

für jeweils zehn Tage die Oberkasseler Kirmes statt, die die Rheinwiesen in einen Schauplatz voller Spektakel verwandelt. Die „Größte Kirmes am Rhein" ist eines der größten Volksfeste in ganz Deutschland. Immerhin strömen an die vier Millionen Besucher zu dieser Feier, die zu Ehren des Stadtpatrons von Düsseldorf abgehalten wird. Die Luft am Rhein ist an diesen Tagen erfüllt vom Duft der gebrannten Mandeln und von Popcorn. Bunte Ballons und Glitzerbänder bilden einen flirrenden Rahmen für Abenteuerlustige. Sie können auf den zahlreichen Fahrgeschäften Glücksgefühle der anderen Art erleben – das Riesenrad z. B. ist ein Magnet für Leute, die hoch hinaus und die bunte Welt von oben betrachten wollen.

○ Oberkassel, Kaiser-Wilhelm-Ring, 40545 Düsseldorf, www.duesseldorf.de
○ ÖPNV: Bus 835, Haltestelle Jugendherberge

In einem Ozean von Blumen

20 *Schlossgärten Arcen*

Nicht wirklich zugehörig zum Niederrhein, aber doch ganz, ganz dicht dran liegt das niederländische Arcen. Dort gibt es die Schlossgärten, die ein wahres Eldorado für Gartenfreunde darstellen. Gärten sind immer und überall Oasen der Stille, der Farben, der Kreativität ihrer Besitzer, und dieser Park bietet so viel an Eindrücken, an Inspirationen, dass er absolut erwähnenswert ist und definitiv zu den glücklich machenden Orten zählt. Hier werden auf zweiunddreißig Hektar garten- und landschaftsarchitektonische Arrangements gezeigt, die nicht selten dazu animieren, den heimischen Garten durch solche Ideen aufzuhübschen oder gar komplett umzugestalten. Auch wer keinen eigenen Garten besitzt, wird hier so viel Input von Floralem bekommen, dass die Seele, die Erinnerung genug Futter hat, um davon eine Weile zu zehren. Da gibt es z. B. das Rosarium, das einen gedanklich ins 18. Jahrhundert versetzen kann, da es von einem Laubengang umgeben ist, der damals sehr populär unter Schlossherren war. Dazu fließt in Wassergräben das kühle Nass, und schon weiß man, warum es „Schlossgärten" heißt. Das Schloss stammt übrigens aus dem 17. Jahrhundert und steht zur Besichtigung in Teilen offen. Zurück zum Rosarium: Hier gibt es, integriert in den Laubengang, eine Aussichtsplattform, die es ermöglicht, einen wunderbaren Rundblick über unzählige Rosenarten zu haben. Ein weiterer besonderer Abschnitt, unter vielen anderen, ist der Wasser- und Skulpturengarten. Auf unterschiedlichen Niveaus sind sieben Teiche angelegt, dazwischen finden sich Kunstobjekte und hohe Bäume, die sich im Wasser spiegeln. Ein weiterer attraktiver Höhepunkt – im wahrsten Sinne – ist der Berggarten. Durch die hier in die Anlage integrierte 21-Loch-Minigolfbahn wird der Spaziergang durch diese Landschaft zum spielerischen Abenteuer. Es geht hoch hinaus, an sprudelnden Bächen vorbei und über authentisch angelegte „Berge". Vieles mehr bieten die Schlossgärten, nicht zu vergessen die sinnliche Ruhe in zahlreichen und vielfältigen Winkeln und Nischen oder auf Bänken in exponierter Lage für genießerische Rundblicke. Zu empfehlen ist hier besonders die steinerne Umrandung der Springbrunnen im Rosarium.

◉ Schlossgärten Arcen, Lingsforterweg 26, 5944 BE Arcen, Niederlande. Tel. (0 31) 7 74 73 60 10
www.kasteeltuinen.nl/de/
◉ ÖPNV: Bus 83, Haltestelle Maasstraat/Koestraat

Leben im Gestern und Heute

21 *Auf dem Marktplatz in Rheinberg*

Der Große Markt in Rheinberg markiert das Zentrum der am unteren Niederrhein gelegenen, zum Kreis Wesel gehörigen Stadt. Gesprochen wird der Name übrigens oftmals „Rheinbérg", mit Betonung auf der zweiten Silbe, was der ursprünglichen Bezeichnung „Berka" geschuldet ist. Vermutlich basiert dieses Wort auf dem germanischen Wort für Birke (Ort bei der Birke). Eine auffällige Birke sucht man aktuell vergeblich, jedoch prangt auf dem Marktplatz eine stattliche Eiche. Unter dieser lässt es sich prima ausruhen und das Ortsgeschehen ringsum beobachten. Rund um den Marktplatz stehen einige gut erhaltene und bedeutende Gebäude. Da ist z. B. das Haus „Im Scheffel" von 1560, seines Zeichens Getreidespeicher und damit wichtige Nahrungsquelle zu Zeiten von Belagerungen. Das Barockhaus „Zum weißen Raben" liegt am südöstlichen Teil, nicht zu übersehen ist das „Underberg Palais", Stammhaus des Spirituosenunternehmens Underberg, in dem heute das Archiv der Firma untergebracht ist. Nicht weit entfernt ragt der Kräuterturm in den Himmel – Underberg produziert gegenwärtig wieder in Rheinberg, ist also ein wichtiger Industriefaktor. Das moderne Stadthaus sowie das Alte Rathaus befinden sich ebenfalls am Markt. Ringsum haben sich Geschäftsleute niedergelassen und sorgen für Abwechslung und auch Kulinarisches.

TIPP Spazieren Sie auch durch den Stadtpark, dort, wo einst der Moersbach floss, und entdecken Sie den Spanischen Vallan.

Einige gut erhaltene Bauwerke aus vergangenen Jahrhunderten existieren in der Stadt. Der ehemalige Wallgraben, gebaut um 1300, ist solch eine Anlage. Damals diente er als Bestandteil des ersten Befestigungsrings. Ein zweiter wurde am Ende des 16. Jahrhunderts begonnen. Die Stadt hieß „Festung Berk am Rhein". Ein dritter Befestigungsring folgte einige Jahre darauf. Reste dieser Wehrstätten können im östlichen und nördlichen Teil Rheinbergs noch besichtigt werden. Neben einer reichhaltigen Geschichte blickt die Stadt auch mit Stolz auf einige berühmte Persönlichkeiten, z. B. Thomas Baumgärtel, Claudia Schiffer, Christa Dericum und Franz Bücheler. Wer weiß, wer einem auf dem Großen Markt alles begegnen kann …?

○ Großer Markt, 47495 Rheinberg, www.rheinberg.de
○ ÖPNV: Bus 68, 38, 913, 65, 1, Haltestelle Rathaus

Abschalten im Irrgarten

 22 *Das Steinlabyrinth in Viersen*

Angrenzend an den Hohen Busch in Viersen existiert seit 2002 auf einem Gelände von circa 2500 Quadratmetern ein Labyrinth aus Steinen, das in Form des kretischen Labyrinths angelegt, also viereckig ist. In den vier Jahrhunderten vor Christus waren solche Gänge auf kretischen Münzen abgebildet. Dieses hier hat eine kleine Öffnung in der Außenmauer als Eingang und führt über sieben Umläufe zur Mitte. Dort thront ein Apfelbaum, der das geografische Zentrum der Stadt Viersen markiert.

Auf Initiative des Viersener Frauenforums und mit Unterstützung des Künstlers Jürgen Vossen ist die Fläche mit Felsblöcken gestaltet worden, die so platziert sind, dass man ohne Irrwege und Kreuzungen in die Mitte gelangt. Hat man das getan, liegen fast fünfhundert Meter Fußweg hinter einem (die man natürlich auch genauso wieder zurückgehen kann). Viele Pflanzen säumen die Strecke und bilden mit den Steinen eine optische Einheit.

Die Anlage entspricht dem ursprünglichen Sinn eines Labyrinths, das ohne Verzweigungen und mit regelmäßigen Richtungswechseln zum Ziel geleitet.

TIPP *Eine Wanderung zum Bismarckturm im Hohen Busch fördert die Kondition, und mit ein bisschen Glück finden Sie ihn geöffnet vor und können einen Rundblick über den Wald genießen.*

Labyrinthe mit Sackgassen und mannigfachen Gängen ins „Nichts" sollen Verwirrung stiften, doch die Viersener Variante ist so gebaut, dass die Menschen, die sich auf diese Erfahrung einlassen, eingeladen sind, ihre Lebenssicht zu prüfen und ihre innere Einstellung möglicherweise zu verändern.

Es empfiehlt sich aufgrund der Geräuschkulisse von der nahen Autobahn, „Musik to go" dabei zu haben – Knöpfe ins Ohr, harmonische Klänge an und sich umfangen lassen von diesem ungewöhnlichen Ort, der seinesgleichen in weitem Umkreis sucht. Und wer mag, kann die angrenzende Wiese zum Drachensteigen nutzen, ein Picknick machen, einen Spaziergang durch den Wald unternehmen … Horchen ins tiefe Ich, Grün in allen Schattierungen in Wiese und Wald sehen, Bewegung über Gras und Stein – Glück in mannigfacher Ausführung!

● Viersener Labyrinth, Aachener Weg/Am Hohen Busch, 41747 Viersen, www.viersen.de
● ÖPNV: Bus 080, Haltestelle Stadion Hoher Busch

Unter dem Kastanienbaum

23 *Die Historische Mühle in Zons*

In der Mühlenstraße in Zons steht die Historische Mühle, die bereits erste Erwähnung im 15. Jahrhundert fand. Zur Holländer-Galerie-Mühle umgebaut wurde sie nach vorangegangenen Erweiterungen im 17. Jahrhundert erst Anfang des 19. Jahrhunderts.

Ein typisches Merkmal dieser Kategorie von Mühle ist die drehbare Flügelklappe. Bevor dieses Bauwerk jedoch ausschließlich zum Mahlen benutzt wurde, war es der südwestliche Eckturm des Ortes, also Teil der Befestigungsanlage. Der Turm war auch zuvor schon eine Turmwindmühle.

Heutzutage kann man die Flügel dieser historischen Mahlanlage mit einem 50-Cent-Stück zum Rotieren bringen und bekommt so eine Ahnung, wie es bis zum Beginn des 20. Jahrhunderts, denn so lange war die Mühle in Betrieb, zugegangen ist in diesem lauschigen Winkel von Zons.

In der ersten Hälfte des 20. Jahrhunderts fiel dieses Zeugnis der Vergangenheit fast dem Vergessen zum Opfer. In den Sechzigerjahren fand dann die erste Restaurierung statt. Die Mühlentechnik ist weitgehend erhalten und kann von neugierigen Besuchern besichtigt werden. Saison- und wetterbedingt gibt es Öffnungszeiten an Wochenenden sowie auch unter der Woche.

Vor der Mühle steht ein stattlicher Kastanienbaum. Einladend um den Stamm gebaut ist eine Sitzbank, von der man einen geruhsamen Blick auf das historische Gemäuer hat. Der Baum bietet durch seine mächtige sattgrüne Krone Schatten, das Sträßchen bietet Ruhe, denn es gibt keinen Durchgangsverkehr, und in jedem Winkel findet sich die Vergangenheit wieder.

Der eine oder andere mag seine Gedanken an diesem besonderen Ort wiederfinden oder möglicherweise auch auf neue Ideen kommen, wenn er oder sie dem Flüstern des Baumes zuhört, denn der hat schon mehr gesehen und gehört, als wir uns vorzustellen in der Lage sind …

· ·

Historische Mühle, Mühlenstraße, 41541 Dormagen-Zons, Tel. (01 77) 4 18 38 22 (Mühlenbetreuung), www.hvv-zons.de

ÖPNV: Bahnhof Dormagen oder Bahnhof Nievenheim, mit dem Bus bzw. Stadtbus nach Zons

Pilgern zu einem Kleinod

24   *Kapelle Klein Kevelaer in Geldern*

In Veert, das vor einigen Jahren siebenhundertjähriges Bestehen feierte, befindet sich ein Kleinod, das dem einen wegen seiner religiösen Bedeutung wichtig sein kann und dem anderen aufgrund der langen Historie und der Symbolik für Ruhe und innere Einkehr. Die Kapelle Klein Kevelaer steht hinter Büschen – fast verborgen –und wirkt wie ein kleiner Edelstein, der entdeckt werden will. Sie wurde im Jahr 1699 errichtet und schon vier Jahre später wieder zerstört, als Geldern während des Spanischen Erbfolgekrieges von den Preußen belagert wurde. Zwei Jahre später wurde das Gotteshäuschen erneut und in gleicher Form aufgebaut. Weitere zehn Jahre danach fiel Geldern, zu dem Veert offiziell seit Ende der Sechzigerjahre des vorigen Jahrhunderts gehört, zum Teil an Preußen und wurde Verwaltungssitz von „Preußisch Geldern".

Die Kapelle blieb stehen und wird seit 1989 in der Denkmalliste von Geldern aufgeführt. Der Besucher wird durch einen Wappenstein über dem Portal an das ursprüngliche Baujahr erinnert.

Wer bei Sonnenschein vor diesem kleinen Gebäude steht, wird sich am Schattenwurf der umgebenden Sträucher und Bäume erfreuen, kann die Stille des bescheidenen Gotteshauses spüren und quasi hören. Auch bei schlechter Witterung bietet dieser Ort der Ruhe Möglichkeiten für Gedankenablage; auch dann blüht der Rhododendron zart violett und wiegen sich die Farnwedel im niederrheinischen Wind, der die Sorgen vertreibt.

TIPP   Besuchen Sie auch das Kölner Heiligenhäuschen im Heideweg. Auch dieses ist ein sehenswertes Kleinod.

Ganz in der Nähe findet sich die Turmwindmühle für jene, die sich der speziellen Atmosphäre von historischen Bauwerken hingeben möchten. Diese ist zwar um einiges jünger als das Kapellchen, aber ebenso spannend. Sie stammt aus dem Jahr 1856 und befindet sich in privater Hand. Wer Lust auf eine kleine Pilgerreise hat, wird in der Stadt Kevelaer eine Menge finden, was der Seele guttut. Aber manchmal reicht eben die eine Kapelle, das Kleinod.

> Kapelle Klein Kevelaer, Tombergsweg, 47608 Geldern, www.geldern.de
> ÖPNV: Keine direkte Anbindung

Warme Gefühle im Schnee

25 *Skihalle in Neuss*

Auf zum Skifahren! Wer jauchzend die Piste hinabfahren möchte, egal, welche Jahreszeit gerade herrscht, findet in der „Jever Fun Skihalle" den Ort seiner Träume. Die Halle besteht seit 2001 und war die erste ihrer Art in Deutschland, die in der Fertigstellung der zweiten Halle in Bottrop nur um wenige Tage voraus war. Sie bietet Ski- und Schneespaß und hält eine Menge an Rahmenprogramm bereit.

Es gibt ein Hotel, einen Kletterpark „Salzburger Land" sowie eine Kletterwand, gastronomische Stätten, Shops etc. Die Halle ist den Plänen zweier Unternehmer aus Mönchengladbach entsprungen, die in Neuss-Grefrath ein Gelände erworben hatten, das bauliche Finessen erforderte. So steht die Halle auf einer Stahlkonstruktion, die etwaige Bodensetzungen ausgleicht. Seit Frühjahr 2015 existiert auch eine Almgolfanlage, die der im Jahr 2014 installierten Bogenschießanlage nicht den Rang ablaufen soll. Es gibt also längst nicht nur für Skiläufer tolle Möglichkeiten, Sport und Freizeit zu erleben. Der besondere Reiz ist aber natürlich der Schnee, den man übrigens für seine Privatfeier kaufen kann, und die Möglichkeit, Skifahren zu lernen, zu üben, sich auf den Urlaub in den richtigen Bergen vorzubereiten. Die Skipiste hat eine Höhe von hundertzehn Metern und ist sechzig Meter breit und dreihundert Meter lang (Hauptpiste). Daneben können Anfänger und Kinder auf der kleineren Piste auf vierzig Metern Breite und hundert Metern Länge ihre Fertigkeiten ausprobieren. Selbstredend werden Kurse und Ausrüstung für jeden Bedarf angeboten.

Auch Rodelbahnen sind da, und damit es leicht auf den „Berg" hinaufgeht, versüßen Schlepp- und Sessellifte den Weg nach oben. Ganz so wie in den Alpen. Snowboarder kommen hier selbstverständlich ebenfalls voll auf ihre Kosten. Dass das Schneeerlebnis mitten im Rheinland etwas ganz Besonderes ist, bedarf keiner weiteren Erklärung. Einfach mal ausprobieren, das Glücksgefühl einer rasanten Abfahrt auskosten, an einem der vielen Events und Partys teilnehmen, sich warm anziehen und ein unbeschwertes Wintererlebnis haben!

An der Skihalle 1, 41472 Neuss, Tel. (0 21 31) 1 24 40, www.allrounder.de
ÖPNV: Ab Düsseldorf oder Köln mit der S-Bahn nach Neuss Hauptbahnhof. Dort den Ausgang Further Straße nehmen und am Bussteig Nr. 1 den Bus 843 nach Grefrath, Haltestelle Skihalle

Reise ins idyllische Früher

 26 *Das Freilichtmuseum Dorenburg in Grefrath*

Eine Besonderheit in der Region liefert das Freilichtmuseum Dorenburg zum einen durch die gut erhaltene Wasserburg, deren Existenz mindestens seit dem 14. Jahrhundert bewiesen ist, zum anderen durch die wissenschaftlich belegte, lebendige Darstellung ländlicher Lebensweisen. Das schließt besonders die Anwendung des Handwerks in vortechnisierter Zeit ein. Interessante Sammlungen und Ausstellungen in und um die Wasserburg bieten immer wieder Neues für geschichtsbegeisterte Menschen. Kinder finden hier ein Füllhorn an Entdeckungsmöglichkeiten: Fachwerkhäuser sowie Tiere, die das bäuerliche Leben dokumentieren, wie Hasen und Kaninchen, Geflügel, Pferde und Esel. Außerdem die Feier besonderer Feste im Jahreskreis wie der historische Mairitt, das Erntedankfest oder der Weihnachtsmarkt. Ebenfalls erwähnt werden muss das ganz besondere Spielzeugmuseum, das Spielsachen in allen erdenklichen Varianten zeigt. Das Highlight ist der opulente Aufbau der Modelleisenbahn im Format H0. All diese Attraktionen lassen einen die Stunden vergessen und eintauchen in frühere Zeiten, bevor der Alltag dominiert wurde von Smartphones, Internet und übertriebener Schnelligkeit.

TIPP Im Sommer bietet sich an, gleich nebenan im Freibad Dorenburg ein paar Bahnen im spritzigen Nass zu ziehen.

Auf dem etwa vier Hektar großen Grundstück des Freilichtmuseums sind Bauernhöfe, eine Kornbrennerei, Gerätschaften und Fahrzeuge wie Dampfwalzen, Trecker oder Dreschmaschinen zu besichtigen.

Auf dem Gelände gibt es außerdem noch ein altes Postgebäude, das schon seit Jahren Heimat einer Gaststätte ist. Für das leibliche Wohl ist also gesorgt. Daneben gibt es eine Bügelbahn, auf der Bügelsport betrieben wird, ein Volkssport aus der Zeit des Mittelalters. Hier können Sie in die Vergangenheit eintauchen und die Gegenwart für ein paar Stunden vergessen.

Souvenirs, die einen noch lange an den Besuch erinnern, kann man im museumseigenen Laden erwerben. Direkt neben der Eishalle Grefrath bieten sich dem Autofahrer zahlreiche Parkgelegenheiten.

Niederrheinisches Freilichtmuseum, Am Freilichtmuseum 1 (Hilfsnavigation: Stadionstraße 145) 47929 Grefrath, Tel. (0 21 58) 91 73 22, www.kreis-viersen.de
ÖPNV: Bus 062, Bus 019, Haltestelle Eissportzentrum

Geheimnisvoller Hochwald

27 *Naturschutzgebiet Uedemer Hochwald*

Uedem gehört zum Kreis Kleve und liegt am unteren linken Niederrhein, ganz in der Nähe der Römerstadt Xanten. Auf der Fläche des Gemeindegebietes befindet sich ein beachtlicher Teil des 423 Hektar großen Naturschutzgebietes Uedemer Hochwald zwischen Sonsbeck und Xanten. Dieser Forst stellt eines der größten zusammenhängenden Waldgebiete am Niederrhein dar. Der Ort Uedem blickt auf eine lange Geschichte zurück, die nachgewiesenermaßen mindestens seit dem siebten Jahrhundert n. Chr. begonnen hat. Auch haben im Jahr 2012 Archäologen Überreste römischer Kastelle gefunden. Die älteste Urkunde zum Ort stammt aus dem Jahr 863. Im Laufe der Jahrhunderte kam es zu unterschiedlichen Herrschaftsansprüchen, wie überall am Niederrhein. Die Franzosen haben ein Wörtchen mitgesprochen wie auch die Preußen. Nicht ganz unbehelligt von Auseinandersetzungen der Menschen blieb auch der Wald, der Schauplatz einiger Schlachten war.

Heute jedoch ist der Uedemer Hochwald ein Ort der Ruhe, der Natur, wo viele Vogelarten noch Gelegenheit haben zu nisten und zu brüten.

TIPP *Lassen Sie sich kulinarisch verwöhnen in einem der Forsthäuser (Forsthaus Nachtigall, Forsthaus Marienbaum).*

Da gibt es z. B. Spechtarten, den Wespenbussard, die Hohltaube, Dohlen, Habichte und Sperber, nicht zu vergessen den Waldkauz. Auch auf dem Boden versammelt sich eine illustre Tiergesellschaft, als da wären Molche, Frösche und Kröten. Ein bisschen größer geht es auch: Rotfuchs, Hase und Damwild sagen sich gute Nacht und guten Morgen …

Der Orkan Kyrill vor einigen Jahren hat große Schäden in den Wald gerissen. Dies bedeutet für manch eine Tierart wiederum neue Möglichkeiten für Unterschlupf und Beutefang. So hat auch abgestorbenes Holz noch eine Funktion. Der Hochwald ist ein Mischwald, der durch Aufforstungsmaßnahmen vor zwei Jahrhunderten bereits einen großen Kiefernanteil bekommen hat.

Ein Spaziergang bei Sonnenschein, der durch die Kronen bricht, oder bei Regen, wenn die Tropfen von den Blättern perlen und der Waldboden duftet, ist Balsam für die Augen, für die Nase, für die Seele.

Uedemer Hochwald, www.uedem.de
ÖPNV: Bus BUE, Bus 45, Haltestelle Am Hochwald

Ein Garten voller Kunst

 28 *Der Schlosspark in Wickrath*

Genau genommen ist das Schloss Wickrath im Süden Mönchengladbachs gar kein Schloss, sondern eine Gebäudekombination aus Vorburg, Pferdestall und Landstallmeisterhaus, arrangiert in Form einer fünfeckigen Grafenkrone.

Das Landstallmeisterhaus, in dem heute ein Gastronomiebetrieb untergebracht ist, steht ungefähr dort, wo bis 1859 das Hochschloss zu finden war, das damals wegen Baufälligkeit abgerissen wurde. Park und Schloss stehen seit drei Jahrzehnten unter Denkmalschutz. Es ist ein frei zugängliches Gelände, und es wird schnell ersichtlich, dass der Pferdesport hier eine wichtige Rolle spielt. Das Rheinische Pferdestammbuch hat seinen Sitz in Wickrath, und so finden über das Jahr verteilt immer wieder hochkarätige Reitsportveranstaltungen statt. Neben dem Sport wird auch der Kunst in der Schlossanlage viel Raum gegeben. Da ist zum einen die Gartenkunst – Schloss Wickrath ist Teil der „Straße der Gartenkunst zwischen Rhein und Maas" – und zum anderen die bildende Kunst. Künstler aus nah und fern präsentieren im Nassauer Stall regelmäßig ihre Ergebnisse. Ein Blick ins Programm lohnt sich.

TIPP *Im Café Restaurant Schloss Wickrath können Sie nach einem wunderbaren Spaziergang Kaffee und Kuchen genießen.*

Das sind schon eine Menge Gründe, warum dieses Schloss, das unmittelbar am Wickrather Stadtzentrum gelegen ist, ein Ort sein kann, der glücklich macht. Wer durch den teilweise unter Naturschutz stehenden Park spaziert, kann sich erfreuen an historischem Baumbestand, an den Enten auf dem Schlossteich, die quakend ihr Revier verteidigen, an den gepflegten Uferrabatten und blühenden Iris und Vergissmeinnicht. Und da ist noch die Karotte, der Staudengraben, der dem Park einen Inselcharakter gibt. Zur Entlastung der Niers wurde der Graben im 19. Jahrhundert angelegt, und gegenwärtig ist das Grabenprofil als gartenkünstlerische Installation zu verstehen mit Blickachsen auf die Burg und mit der Möglichkeit, den Graben und mit ihm die Pflanzenarrangements direkt vom begehbaren Pfad aus zu erkunden.

● Schloss Wickrath, Schloss-Wickrath 17, 41189 Mönchengladbach, www.wickrather-schloss.de
● ÖPNV: Bus 006, 026, Haltestelle Trompeterallee, Fußweg sechs Minuten bis zum Schloss

Mit den Klängen der Orgel

29 *Die Suitbertusbasilika in Kaiserswerth*

In Kaiserswerth steht eine der interessantesten Kirchen vom Niederrhein; es handelt sich um eine Pfeilerbasilika, geweiht dem Heiligen Suitbertus. Der Benediktinermönch Suitbertus hat um 700 ein Kloster auf der „Kaiserinsel" gegründet. In Folge dessen wurden mehrere Kirchen auf diesem Flecken im Laufe der Jahrhunderte errichtet. Die Suitbertusbasilika bildet also das vorläufige Erbe dieser langen Tradition.

Dieses dreischiffige Gotteshaus wurde zwischen dem 11. und 13. Jahrhundert im spätromanischen und gotischen Stil erbaut. In ihrem Inneren verbirgt sich der Schrein des Heiligen mit dessen Gebeinen. Diese und die Gebeine von Willeicus wurden 1264 dorthin überführt. Zwei aufwendige Renovierungsphasen hat die Kirche überstanden. Einmal wurden im Jahr 1717 Schäden der vergangenen Jahre ausgebessert; das zweite Mal wurde ab 1870 für sieben Jahre das Gotteshaus um seine bis dahin zerstörten Teile erweitert. Zum Beispiel errichtete man den Westturm gleich zweifach neu, denn die erste Ausgabe des Turms war bereits im 13. Jahrhundert aus Kriegsgründen abgetragen worden.

Die Lage unmittelbar am Rhein hatte mehrere Überschwemmungen zur Folge, jedoch führte erst menschliches Eingreifen zu schweren Schäden. Gemeint ist der Zweite Weltkrieg. Damals zerstörte man die Türme, die in den Sechzigerjahren des letzten Jahrhunderts wieder aufgebaut wurden. Ein kleinerer Glockenturm hielt so lange noch die Stellung. Papst Paul VI. verlieh der Kirche 1967 den Ehrentitel Basilica minor. Diese Auszeichnung gibt es seit dem 18. Jahrhundert, und sie hebt die Bedeutung des Hauses generell und für das Umland hervor. Die Suitbertuskirche gilt als zweitältestes Mönchskloster in der Erzdiözese Köln. Eine Besonderheit ist auch die Orgel auf der Westempore mit ihren 39 Registern. Wer die hervorragende Akustik in der Basilika genossen hat, muss nicht lange überlegen, warum dies ein glücklich machender Ort ist. Ganz abgesehen von der Historie und dem langen Überdauern, von der Wehrhaftigkeit gegenüber den Unbilden des Lebens. Suitbertus' Erbe ist ein Sinnbild für Beständigkeit.

- -

▶ St. Suitbertus, Suitbertus-Stiftsplatz 3, 40489 Düsseldorf, Tel. (02 11) 40 11 91
www.duesseldorf.de
▶ ÖPNV: Stadtbahnlinie U 79, Haltestelle Klemensplatz, Schiffsanlegestelle Kaiserswerth
Fährverbindung Kaiserswerth/Langst

Die Seele baumeln lassen

 30 *Auf dem Deich in Orsoy, Rheinberg*

Der Rheinberger Stadtteil Orsoy (gesprochen Orsau oder Oschau) ist nachhaltig vom namengebenden Strom geprägt. Der Rhein ist Magnet für Ausflügler und Einheimische gleichermaßen. Dem sanften Tuckern der vorüberfahrenden Schiffe, dem Plätschern der Wellen an Kies- und Sandstrand zuzuhören, den über das Wasser segelnden Möwen zuzusehen oder auch vereinzelt einen Graureiher zu beobachten, rückt in jeder Seele Durcheinandergeratenes wieder zurecht. Erklimmen Sie die Stufen hinauf zum „Rheintor" und verweilen Sie auf der mit Pferdeköpfen verzierten Brücke. Beim Blick über den Strom, über das Rheinvorland, das größtenteils ausgewiesener Schutzraum für Flora und Fauna ist, beim Spaziergang auf dem Rheindeich hier am Orsoyer Rheinbogen lässt sich durchatmen, aufatmen, lässt sich „sein".

Die von hier aus gut sichtbare Fähre bringt tagein, tagaus Pendler und Ausflügler von hüben nach drüben. „Drüben" ist schon Duisburg, die an manchen Stellen überraschend grüne Stadt im Ruhrpott. Doch zurück nach Orsoy: Der Stadtteil hat außer dem Deich, der zu den größten Schutzdeichen in Europa gehört, noch einiges zu bieten.

TIPP *Fahren Sie mit der Rheinfähre hinüber nach Duisburg-Walsum und wandern Sie auch dort über den malerischen Damm.*

Da ist die mittelalterliche Stadtmauer, das oben erwähnte Hochwasserschutztor von 1937, der Pulverturm, der zweite Befestigungsring, das Rathaus, die protestantische Kirche mit der ältesten (1551) evangelischen Kanzel am Niederrhein, die Erinnerung an die industrielle Blütezeit, als man hier von der Zigarrenproduktion lebte, und vieles mehr.

Zigarren gaben der Stadt von der Mitte des 19. Jahrhunderts bis zum Zweiten Weltkrieg eine große wirtschaftliche Bedeutung. Einige Bürgerhäuser aus jener Zeit existieren noch immer. Nach dem Weltkrieg sorgte der Raketenkonstrukteur Berthold Seliger für Furore, als er in seiner Mopedwerkstatt Raketen baute, die im Cuxhavener Wattengebiet gestartet wurden. Wie gesagt, in Orsoy gibt es viel zu entdecken. Einige Hinweisschilder erleichtern die Erkundung, doch: Erst mal wieder auf dem Damm sein – das ist das A und O zum Glücklichsein.

▸ Rheindamm, 47495 Rheinberg, www.rheinberg.de
▸ Der Rheindamm hat eine Nahverkehrsanbindung zum Bus: Bus 913, Haltestelle Grundschule Orsoy oder Haltestelle Orsoy Rathaus

Dem Himmel so nah

 31 *Die Himmelstreppe in Neukirchen-Vluyn*

Die Himmelstreppe ist eine Landmarke an der Halde Norddeutschland und besteht aus 359 Stufen, erbaut 2007 als Symbol für den regionalen Strukturwandel. Erklimmt man das Stahlgerüst, das über zweiundfünfzig Höhenmeter zum Top der Halde führt, passiert man mehrere Absätze zum Luftholen. Die Treppe ist so konstruiert, dass man sie durch die Benutzung ganz leicht ins Schwingen bringt, so wie eine Brise Grashalme wiegt. Dadurch fühlt man sich wie verbunden mit der Aufschüttung und auch der Botanik, die wohldurchdacht harmonisch angelegt wurde und natürlich gewachsen erscheint. Der Weg verläuft unter anderem durch ein Feuchtbiotop, über das eine Steganlage gebaut ist.

Unterwegs in die Höhe hat man zwischendurch schon eine vielversprechende Aussicht auf die Landschaft, doch ganz oben erschließt sich dem Haldenbezwinger mit einem Rundblick die niederrheinische Landschaft mit Grün in unterschiedlichster Schattierung. Felder liegen zu unseren Füßen, die von der Fruchtbarkeit des Bodens erzählen, von der Landwirtschaft, die neben dem Bergbau viel zum Selbstverständnis der Region beigetragen hat und noch beiträgt. Wege zum Radfahren und Wandern verlaufen zwischen den Feldern und Waldgebieten, mal gerade wie vom Lineal gezogen, mal gewunden, den örtlichen Besonderheiten angepasst. Viel von der Ruhe und Gelassenheit des niederrheinischen Menschenschlags kommt hier oben an der Himmelstreppe an, die noch so neu ist, dass sie keine Geschichte hat schreiben

TIPP Besuchen Sie auch die Stadt Neukirchen-Vluyn mit ihren zwei charaktervollen Ortsteilen, dort, „wo sich der Niederrhein und das Ruhrgebiet treffen".

können. Doch Wanderer, die ebenso mit gerötetem Gesicht die Treppe genommen haben und mit Durchschnaufen ein fröhliches „Guten Tag" posaunen, sind keine Seltenheit, sie werden für Geschichte und Geschichten sorgen. Sie drehen sich um, stehen still und ernten mit ein wenig Stolz den erhabenen Ausblick, ohne erhaben zu wirken.

Abends ist der Aufstieg mit LEDs illuminiert und lockt damit die Nachtfalter an – auch die menschlichen …

○ Halde Norddeutschland, 47506 Neukirchen-Vluyn, Tel. (0 28 45) 3 91-166 oder -230
www.neukirchen-vluyn.de
○ ÖPNV: Keine direkte Anbindung, nächste Haltestelle Gewerbegebiet Nord

Liebesschwüre am Wasser

 32 *Die Stadtgrabenbrücke in Moers*

Im 16. Jahrhundert begann eine Zeit, in der Ortschaften, Burgen und Schlösser der Weiterentwicklung der Waffen Tribut zollen mussten in Form von anderen Verteidigungsstrategien als Stadtmauern. Feuerwaffen ließen sich durch Mauern nicht mehr aufhalten; der Abstand zum Aggressor musste vergrößert werden – die Zeit der Wassergrabenanlagen begann.

Prinz Moritz von Oranien-Nassau sorgte dafür, dass aus der niederrheinischen Residenz Moers eine Festung wurde. Ab dem Jahr 1601 ließ er Schloss und Stadt umbauen und mit Sicherungsanlagen nach altniederländischer Manier versehen. Dazu wurden zunächst schon vorhandene Gräben am Schloss wieder verfüllt, fünf Bastionen, verbunden mit Wällen, wurden angelegt und damit die Altstadt und das Kastell neu definiert. Dabei arbeitete man viel mit Sand, in dem Geschosse stecken blieben. Die sternförmige Anlage ist sogar im gegenwärtigen Grundriss der Stadt gut zu erkennen.

Der Moersbach umfließt auch heute noch die Ortschaft und bietet, besonders im Schlossgarten, mannigfache Gelegenheiten zum entspannten Spaziergang. Hinter dem modernen Rathaus führt seit einiger Zeit eine neue Fußgängerbrücke über den Bach. Die alte Brücke hat man ersetzt, weil sie marode war und nicht mehr den Sicherheitsansprüchen genügte.

TIPP Entdecken Sie die Heimatgeschichte dieser Perle des Niederrheins im Museum im Schloss Moers.

Die neue Brücke ist ein „Hingucker" durch eine dezente Beleuchtung mit LED. Liebespaare haben dieses neue Bauwerk für sich entdeckt. Vielleicht, weil Liebesschwüre am Wasser besonders romantisch sind, vielleicht auch, weil es von der Stadt offiziell genehmigt wurde, „Liebesschlösser" am Geländer anzubringen. Da erlebt der Graben eine wunderbare Umkehrung der einstigen Funktion als Wehranlage. Da stellt sich nicht mehr die Frage, ob dies ein Ort zum Glücklichsein ist. Wo, wenn nicht dort, wo man sich das Ewige und Absolute ins Ohr flüstert, kann man einen Glücksmoment erhaschen? Oder zwei oder drei? …

▶ Stadtgrabenbrücke, 47441 Moers, www.moers.de
▶ ÖPNV: Bus 4, 912, 929, Haltestelle Moers Rathaus

Sieg über die Schatten

33 · *Ehemaliges Munitionsdepot Schwarze Heide*

Am westlichen Rand der niederrheinischen Region treffen der Niederrhein, das Westmünsterland und das Ruhrgebiet aufeinander. Der Naturpark Hohe Mark vereint auf einer Breite von fünfzig Kilometern Wälder, Heidelandschaft, Feuchtgebiete, Wiesen, Luft und Licht, eine tierische und pflanzliche Artenvielfalt, die auf einem Rad- und Fußwegenetz erkundet werden kann, mit einer teilweise dunklen Geschichte. Nahe den Städten Dinslaken, Wesel und Hamminkeln sind auf rund tausend Quadratkilometern wahre Schatztruhen der Natur zu finden. Konzentrieren wir uns auf einen Teilbereich, die Schwarze Heide, die in unmittelbarer Nähe zum gleichnamigen Fluglandeplatz bei Dinslaken, Kirchhellen und Hünxe liegt. Hier gibt es ein ehemaliges Munitionslager, von dem noch Bunker, Zäune und Straßen existieren. Warum dieser Ort auch ein Glücksort sein kann? Weil die Bunker verschweißt, die Zäune geöffnet und die Straßen freigegeben worden sind. Weil die Natur sich ausbreiten darf und mit ihr der Mensch. Weil der Mensch in dieser eigentümlichen Atmosphäre durchatmen kann. Seit 1995 befindet sich kein Militär mehr auf diesem Gelände. Einzug gehalten haben Fledermäuse, die hier ideale Bedingungen vorfinden.

Das Wegenetz ist für den ortsunkundigen Besucher verwirrend, daher ist es ratsam, das Gebiet so zu erkunden, dass man auch wieder herausfindet. Man kann es wie die Meerschweinchen machen: auf denselben bekannten Wegen immer mal ein Stückchen weiter vordringen …

Da es nicht überall Beschilderungen gibt, sollte man einen guten Orientierungssinn haben oder sich technische Hilfe mitbringen. Wenn man eintaucht in diese „Naturlandschaft", die aber durchzogen ist von asphaltierten Wegen, fühlt es sich tatsächlich an, als wäre man in einer anderen Welt. Manchmal trifft man auf keinen weiteren Menschen, ist auf sich allein gestellt – kann alleine genießen, was die Natur dort geschaffen hat. Oft sind aber auch Radfahrer unterwegs, die im Falle der Orientierungslosigkeit schneller wieder in die Zivilisation zurückfinden …

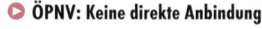

◉ Ehem. Munitionsdepot Schwarze Heide, Langer Weg, 46569 Hünxe (bis zur Schranke)
www.dinslaken.de
◉ ÖPNV: Keine direkte Anbindung

In der Ruhe liegt die Kraft

 34 *Die Kapelle Klein-Jerusalem in Neersen*

Viele drängt es hin und wieder, dem Alltag zu entkommen und die Stille an einem Ort zu finden, der genau dafür geschaffen worden ist. So sind z. B. Gotteshäuser, ob groß oder klein, Stätten der Einkehr. Sei es aus religiösen Gründen oder aus Gründen der Pietät, wegen der Erinnerung an geliebte Verstorbene oder aus rein persönlichen Motiven heraus.

Die Pilgerstätte Klein Jerusalem bietet solch eine Gelegenheit. Sie liegt im nordöstlichen Teil Neersens und gehört zur Pfarrgemeinde St. Mariä Empfängnis. Im Jahr 1660 wurde die Kapelle von Gerhard Vynhoven erbaut, dem daran gelegen war, die Menschen nach dem Dreißigjährigen Krieg wieder an die Christlichkeit zu erinnern. Vynhoven war u. a. während des Krieges Militärseelsorger im Korps des Johann von Werth.

In der Kapelle wurde der Lebens- und Leidensweg Jesu dargestellt mittels Nachbauten der Geburtsgrotte in Bethlehem und des Heiligen Grabes in Jerusalem. Der ursprüngliche Name „Beth-Jerusalem" wurde vom Volk sehr schnell in Klein-Jerusalem geändert. Heute dient die Kapelle nicht nur Pilgern, die sie an jedem zweiten Sonntag besichtigen können, sondern auch vielen Paaren, die sich hier trauen lassen.

TIPP

Auskünfte und Führungen über das Büro des Kath. Pfarramtes St. Maria Willich-Neersen, Tel. (0 21 56) 52 05.

Der Garten rund um das Gotteshäuschen bietet mit seinem Kreuzweg auch jenen Gelegenheit zum Beten, die außerhalb der Öffnungszeiten herkommen.

Auf dem Grundstück verteilt stehen Bänke, von denen aus man auf die Kapelle, aber auch auf die stattlichen Bäume ringsum blickt. Ist man allein, lässt sich trefflich ausruhen, in sich gehen, zur Ruhe kommen. Die Vögel zwitschern ihre Melodien, und die Kapelle wirkt wie eine Insel, die irgendwo zwischen dem Heute und dem Gestern liegt.

Und wieder einmal kommt es einem verblüffend einfach vor, das Ziel der inneren Ruhe zu erreichen. Innerlich gestärkt könnte man jetzt noch einen Abstecher zum Schloss Neersen machen, das einen auch irgendwie mit der Vergangenheit in Verbindung bringt.

Kapelle Klein-Jerusalem, Vinhovenplatz, 47877 Willich-Neersen, www.stadt-willich.de
ÖPNV: Bus 056, Haltestelle Kapelle

Tapetenwechsel

35 *Kulturzentrum Fabrik Heeder in Krefeld*

Mit ihrem ganz eigenen spröden Charme liegt mitten in Krefeld in der Nähe des Hauptbahnhofs die ehemalige Fabrik Heeder. 1989 ist hier ein neues Kulturzentrum entstanden mit einem breiten Programm. Vor dem denkmalgeschützten Gebäude, das aus dem Jahr 1906 stammt, befindet sich der Platz der Wiedervereinigung 3. Oktober 1990. Nicht nur wegen der Außengastronomie „Die Kulisse" ist dieser zum beliebten Treffpunkt für Jung und Alt geworden. Kinder haben die Möglichkeit, sich auf dem Sandplatz auszutoben; Erwachsene schätzen einen ruhigen Plausch mit Blick auf den Springbrunnen. So kann man sich einen kleinen Tapetenwechsel im Alltag verschaffen. Die Fabrik und der Platz liegen in Sichtachse zum Hauptbahnhof. Das Wissen um das stete Kommen und Gehen, Wiedersehen und Verabschieden trägt sein Übriges zur besonderen Atmosphäre dieses Ortes bei.

Apropos Tapetenwechsel: Heeder war ursprünglich eine Tapetenfabrik. Heute wird im Inneren für neue Farben und Muster sowohl im übertragenen als auch im reellen Sinn gesorgt. In den Ausstellungsräumen können Künstler ihre Werke wie Gemälde und Fotos präsentieren. Involviert ist auch die Hochschule Niederrhein mit dem Fachbereich Design. Tänzer und Tanzgruppen finden in der großen Fabrikanlage eine schon über die Region hinaus bekannte Bühne für ihre Aufführungen. Schließlich gibt es noch das KRESCH, das Kinder- und Jugendtheater der Stadt Krefeld. Das alte Gemäuer ist für dieses eine Heimstätte geworden mit Ausbildungs-, Probe- und Aufführungsmöglichkeiten. Die Fabrik Heeder verfügt über zwei Studiobühnen. Ein Lichthof sorgt für stimmungsvolles Ambiente.

Des Weiteren werden theaterpädagogische Angebote und Lehrgänge durchgeführt und das Frauenkulturbüro NRW e. V. hat hier Räumlichkeiten gefunden. Es ist ein Potpourri an Möglichkeiten in der einstigen Tapetenfabrik entstanden. Verständlich, dass man hier innen wie außen ganz differenzierte Erfahrungen machen kann, die einem ein Schmunzeln, ein Lächeln, ein Lachen ins Gesicht zaubern.

· ·

Fabrik Heeder, Virchowstraße 130, 47805 Krefeld, Tel. (0 21 51) 86 26 00
www.krefeld.de/de/kulturbuero/fabrik-heeder
ÖPNV: Hauptbahnhof Krefeld, Ausgang Platz der Wiedervereinigung, geradeaus
über die Ritterstraße zur Fabrik Heeder, Eingang durch das große Tor, im Innenhof befindet sich
der Zugang zum Foyer

Oasen der Ruhe

36 *Gartenanlage der Burg Friedestrom in Zons*

Erzbischof Friedrich III. von Saarweden gilt als Errichter der einstigen Zollburg im Dormagener Stadtteil Zons. Im 14. Jahrhundert wurde sie im Zuge der Zollverlegung von Neuss nach Zons erbaut. Eine weitere Funktion der Burg Friedestrom stellte die Sicherung der kurkölnischen Region dar, die mehrere Jahrhunderte lang eine von sieben Kurfürstentümern des Heiligen Römischen Reiches Deutscher Nation war.

Die ehemalige Wasserburg, die verschiedentlich auch als „Schloss" bezeichnet wurde, erlebte ihre Hochzeit im 15. und 16. Jahrhundert. In den folgenden Jahrhunderten verlor sie an Bedeutung und drohte dem Niedergang anheimzufallen. Nicht nur der Zahn der Zeit nagte an ihr, sie wurde im Dreißigjährigen Krieg auch beschädigt. Später, nachdem es durch die französische Besetzung schon zu „Besitzer"-wechsel gekommen war, fiel die Burg im 19. Jahrhundert in private Hand. Eine Nutzung als Gutshof war fortan die neue Bestimmung. In den Siebzigerjahren des 20. Jahrhunderts wurde der Kreis Neuss neuer Eigentümer und beschloss, aus dem historischen Ort ein Kulturzentrum zu machen. Über den weitläufigen Hof gelangt man in den sorgsam gepflegten Park. Sitzbänke auf der Wiese bieten u. a. den Blick auf den Juddeturm, einer weiteren Sehenswürdigkeit im Städtchen Zons. Raum und Stille lassen sich hier genießen; laben kann man sich an den Farbexplosionen der Rhododendren und Rosen, und die Rasenflächen sowie Großgehölze in Form von Sträuchern und Bäumen strecken stolz ihre Halme und Zweige in die Höhe. Auch überlässt man durch nicht gemähte Abschnitte verschiedentlich den Wildblumen eigene Refugien, die sich strahlend gelb und orangefarben über die Gräser dem Himmel zurecken.

Dass heute kein Wasser mehr durch die (teilweise zugeschütteten) Gräben fließt, liegt am Braunkohleabbau, der der Region schon seit Jahrzehnten einen Stempel aufdrückt. Der Einfluss der Menschen, der Politik und der Natur ist hier wie andernorts in Zons deutlich spürbar.

Burg Friedestrom, Zons, 41541 Dormagen, Tel. (0 21 33) 37 72, www.hvv-zons.de
ÖPNV: Bahnhof Dormagen oder Bahnhof Nievenheim, mit dem Bus bzw. Stadtbus nach Zons

Tanz auf dem Eis

 37 *Die Eishalle in Grefrath*

Eishalle war früher, heute heißt es „EisSport & EventPark" und bietet das ganze Jahr über Abwechslung und Spaß beim Sport und bei Veranstaltungen wie Konzerten oder Autoausstellungen.

Doch hier soll das Eis im Vordergrund stehen, denn dieses lässt die Halle in Grefrath zu einem Glücksort für die Winterzeit werden. Seine Kurven auf Schlittschuhen auf dem gefrorenen Nass zu drehen, löst ähnliche Glücksgefühle aus wie auf der Kirmes im Karussell zu sitzen oder sich den Wind beim Joggen um die Nase wehen zu lassen oder im Sommer um einen See zu skaten.

Die Stadt Grefrath trägt seit November 2012 den offiziellen Namen einer „Sport- und Freizeitgemeinde", die zu Recht stolz auf den überregionalen, guten Ruf ist. Hier trainieren nicht nur Eisschnellläufer, die ihr Können anschließend in bundesweiten Wettbewerben beweisen wollen, sondern auch namhafte Persönlichkeiten treten gerne mit ihren Programmen in der „eisigen" Halle auf. So finden sich im Kalender „Holiday on Ice", Sascha Grammel, Cindy aus Marzahn und zahlreiche andere.

TIPP *Machen Sie einen Ausflug in die nebenan liegende Dorenburg. Hier erfahren Sie manches über das dörfliche Leben von anno dazumal.*

Zurück zum Eislaufen: Es gibt ein Drinnen und ein Draußen, das heißt an einem knackig kalten, sonnigen Wintertag kann man auch an der frischen Luft seine Runden ziehen, was dem durch die Bewegung ohnehin vorhandenen Wohlbefinden noch ein Krönchen aufsetzt. Dazu wird in der Regel flotte Musik gespielt, die dem Ganzen etwas Tänzerisches und Leichtes verleiht. Einmal Eisprinzessin oder Eisprinz sein – wer möchte das nicht? Sich anschließend oder zwischendurch in der hauseigenen Bar mit Snacks und Getränken zu versorgen, belohnt den fleißigen Sportler genauso wie den begeisterten Zuschauer.

Die nötigen Schlittschuhe kann man sich, wenn man keine eigenen besitzt, selbstverständlich ausleihen.

▶ **Eissportzentrum Grefrath, Stadionstraße 161, 47929 Grefrath, Tel. (0 21 58) 91 89-0**
www.eisstadion.de
▶ **ÖPNV: Bus 062, Bus 019, Haltestelle Eissportzentrum**

Ein künstlerischer Garten

38 *Garten und Schloss Moyland in Bedburg-Hau*

Ist Schloss Moyland so schön, weil der weitläufige Garten ringsherum für den nötigen Rahmen sorgt? Oder ist der Garten von Schloss Moyland so schön, weil das Gebäude in dessen Zentrum Würde, Glanz und Erhabenheit ausstrahlt? Das kann jede/r für sich selbst herausfinden. Sicher ist auf jeden Fall, dass Garten und Schloss mehr als nur einen einzigen Besuch wert sind. Der Name Moyland stammt aus dem Niederländischen („Moiland") und bedeutet „Schönes Land". Man darf also einen Ort mit einer eigenen Ästhetik erwarten. Der Schlosspark erfüllt diese Erwartung auf den ersten Blick. Er lädt ein zum Schlendern, zum Schauen, zum Verweilen. Die Unterteilung in Blumen- und Kräutergarten bietet mit den saisonalen bunten und duftenden Beeten Anregungen für den eigenen Balkon oder Garten, und majestätisch wirken gar die alten Eichen- und Lindenalleen. Überhaupt lässt einen der alte Baumbestand staunen, besonders im Herbst, wenn sich das Laub gelb, orange und rot verfärbt. Ungeachtet der Jahreszeit sind die Skulpturen im Park von einer immer gleichen Schönheit. Sie harren bei allen Temperaturen aus und erzählen auf ihre stille Art von ihren Erschaffern wie Eduardo Chillida, Huub Kortekaas, Joseph Jaekel und etlichen anderen. Die Kunst ist ohnehin das große Thema für Schloss Moyland, denn in den Ausstellungsräumen findet sich die Sammlung der Brüder van der Grinten mit dem Schwerpunkt einer fast 5000 Arbeiten umfassenden Kollektion von Joseph Beuys. Das Schloss selbst zählt zu den neugotischen Bauten und seine Geschichte geht zurück bis ins Jahr 1307, als auf diesem Flecken Erde ein Hof stand. Im Lauf der Jahrhunderte wurde aus dem Hof erst eine Burg, dann ein Schloss. Zahlreiche Besitzer zeichneten sich verantwortlich und drückten Moyland ihren Stempel auf. Die spannende Geschichte lässt sich mit ein wenig Zeit und einem (oder mehreren) Besuchen erfahren. Interessantes gibt es im eigenen Schlossladen, in der Bibliothek oder im Café. Lassen Sie sich inspirieren … und vergessen Sie nicht, die Tierfiguren am Treppenaufgang zu bestaunen und dem Schloss aufs Dach zu steigen und die Aussicht zu bewundern!

- Schloss Moyland, Am Schloss 4, 47551 Bedburg-Hau, Tel. (0 28 24) 9 51 00, www.moyland.de
- ÖPNV: Bus 44, Haltestelle Schloss Moyland (ab Bahnhof Kleve oder Xanten)

Oh, welch ein Duft!

 Café im Nikolauskloster in Jüchen

Wenn etwas unbestritten und absolut zweifellos gesagt werden kann, dann, dass gutes Essen das körperliche und geistige Wohlbefinden steigert. Nicht umsonst heißt es: Essen und Trinken hält Leib und Seele zusammen.

Ein Ort, an dem man dieses exemplarisch testen kann, ist das Café im Kloster in Jüchen. Das Nikolauskloster bietet nicht nur Gläubigen eine Heimstatt, einen Ort zum Beten, zum Erleben, zum Sprechen und Kontakteknüpfen, sondern auch Wanderern, Radfahrern oder Vorüberziehenden einen Platz für eine Rast. Willkommen geheißen wird man vom Duft selbst gebackener Kuchen und frisch gebrühten Kaffees. An jedem Nachmittag ist das Haus geöffnet und bietet Backwerk an, das in der hauseigenen Backstube hergestellt wird. Da läuft einem schon beim bloßen Gedanken daran das Wasser im Munde zusammen.

Öfter mal Kuchen essen – drinnen oder draußen, mitten im Grünen, im Sonnenlicht oder im Schatten, die große Terrasse bietet viele gemütliche Sitzgelegenheiten – wer mag dieser Aufforderung widerstehen?

TIPP Immer wieder spannend ist Schloss Dyck, in dem es neben einer Dauerausstellung übers Jahr verteilt interessante Themenmärkte gibt.

Ein Rundgang durch den Klostergarten bietet sich an sowie eine Opfergabe an der Grotte oder einfach nur ein stilles Gedenken.

Das Kloster ist heutzutage auch ein Studienheim für angehende Priester. Es leben und arbeiten hier die „Oblaten der Makellosen Jungfrau Maria", die die Pforten auch für Workshops und Andachten für Besucher öffnen. Das Kloster bietet ein komplettes Jahresprogramm für Interessierte, unter anderem auch Ferienkurse für Kinder.

Das Haus blickt auf eine lange Geschichte zurück, die zu erkunden sich lohnt. Mehrere Jahrhunderte lang wurde hier nach Franziskanerregeln gelebt. Die Säkularisation und der Zweite Weltkrieg haben ihre Spuren hinterlassen und für tiefgreifende Veränderungen gesorgt. Für Geschichtsinteressierte gibt es durchaus mehr zu entdecken als Kuchen, und allein der ist ja schon die Reise hierher wert …

●Nikolauskloster, 41363 Jüchen, Tel. (0 21 82) 8 29 96-0, www.nikolauskloster.de
● ÖPNV: Vom Hauptbahnhof Neuss Linienbus Richtung Jüchen zur Haltestelle Scherfhausen
Haltestelle Denkmal oder Haltestelle Schloss Dyck

Wie im Garten Eden

 Terrassengarten Kloster Kamp in Kamp-Lintfort

Der Terrassengarten am Südhang des Kamper Berges und am Fuße des Klosters Kamp zeugt von einer jahrhundertealten Historie, die schon früh der Region die wichtige Prägung zum geistlichen Zentrum des gesamten Landstriches verlieh. Mit dem Bau des Klosters im 17. Jahrhundert entstand der erste Garten unter dem Abt Edmundus von Richterich. Vierzig Jahre später wurde verfügt, die Anlage gemäß den Ideen des Barock neu zu gestalten und aus dem Garten ein Kunstwerk zu schaffen. Nach der Besetzung des Rheinlandes durch die Franzosen und im Laufe der Säkularisation verlor die Klosteranlage inklusive Garten zunehmend an Bedeutung und war dem Verfall preisgegeben. In den Achtzigerjahren des 20. Jahrhunderts begann die Stadt Kamp-Lintfort mit der Rekonstruktion des Terrassengartens nach Vorbild eines Kupferstichs aus der Mitte des 18. Jahrhunderts, und 1990 erfolgte die feierliche Neueröffnung. Seitdem erfreuen sich die Einwohner der Stadt und zahlreiche Besucher an der gepflegten und friedvollen Anlage, die noch viel von der Vergangenheit preisgeben kann. Vom zentral angelegten Springbrunnen, aus dem im Sommer das kühle Nass meterhoch schießt, hat man einen opulenten Blick auf die fünfstufige Anlage, die mit pyramidenförmigen Taxusbäumen bepflanzt ist. Die herrschaftlichen, gewundenen Steintreppen laden zum Aufstieg ein, damit man von oben auch die Gänze des Gartens genießen kann. Beete voller Salbei, Lavendel, Rosen und Gräsern, Einrahmungen aus Buchs, gepflegte Rasenflächen und dezent platzierte Ruhebänke lassen den interessierten Besucher eintauchen in die Geschichte des Ortes.

TIPP Buchen Sie im Vorfeld eine Führung und erfahren Sie alles über die eindrucksvolle Abteikirche und die große Klosteranlage.

Damals wie heute bereichert die zweigeteilte Orangerie mit zeitgenössischer Kunst und Relikten der Vergangenheit den Terrassengarten. Aktuell finden immer wieder hochkarätige Bilder- und Skulpturenausstellungen von niederrheinischen Künstlern statt, und in der anderen Hälfte befindet sich eine Dauerausstellung mit architektonischen Fundstücken und Erläuterungen zur Geschichte des Ortes.

○ **Kloster Kamp, Abteiplatz 13, 47475 Kamp-Lintfort, Tel. (0 28 42) 92 75 40, www.kloster-kamp.eu**
○ **ÖPNV: Bus 32, S-Bus 30, Haltestelle Kloster Kamp**

Auszeit mit Geschnatter

 Am „Entenweiher" im Schlosspark Moers

Die Gartenanlage nahe dem Moerser Schloss ist ein „bürgerlicher Park im Adelsstil", geplant und gegründet von einem Bürger der Stadt Moers, Friedrich Wintgens. Der Schlosspark steckt voller Orte, die einem Glück und Zufriedenheit schenken können. Exemplarisch halten wir uns hier an den „Entenweiher" im südöstlichen Teil des Gartens, zugehörig zur Kulturinsel und natürlich zur Grabenanlage („Weiher" nur der Einfachheit halber genannt). Selbstverständlich gibt es auch Entenvögel, Gänse und Schwäne in den anderen Teilen des Parks. Es ist amüsant für die Spaziergänger, das Brut- und Hüteverhalten der Vögel zu beobachten, wenn z. B. die Gänseeltern mit ihren Küken am Ufer eine Rast machen, wenige Meter weiter ein majestätischer Schwan vorüberschwimmt und obendrein noch ein Graureiher in unmittelbarer Nähe landet und auf Futter aus ist. Da die Vogeleltern allesamt ihre Aufgaben sehr ernst nehmen, ist nicht selten ein Spektakel die Folge. Was für die Vogelschar Aufregung bedeutet, ist für die menschlichen Gäste im Park Erholung. Der nach englischem Vorbild im Jahr 1836 angelegte Garten bietet noch

TIPP Entdecken Sie auch das Schloss mit seinem Museum und die historische Altstadt Moers.

heute eine gelungene Abwechslung zu den Pflichten des Alltags. Es stehen zahlreiche Bänke zur Verfügung, um Pausen auf dem Rundweg durch den Park zu machen. Auf der Wallpromenade lässt sich die ganze Größe und Schönheit der Anlage erfahren – im wahrsten Sinne, denn Radfahren ist erlaubt (was die Fußgänger aber nicht abhalten soll …). Der Park wirkt wie eine Verbindung von der Natur zur Altstadt Moers, nicht zu vergessen das Moerser Schloss als Magnet für Museumsliebhaber und Geschichtsinteressierte. Immerhin geht dessen Geschichte bis etwa zum Jahr 1200 zurück. Es ist selbstredend, dass ein Besuch am Entenweiher weitere Besuche zum Schloss, in die Stadt, ins Museum, in die umliegenden Restaurants zur Folge haben muss. Die Enten sollen nur die Lockvögel sein!

● Schloss Moers, Kastell 9, 47441 Moers, www.moers.de
● ÖPNV: Bus 052, Haltestelle Im Ohl, Bus 911, 912, 4, Haltestelle Königlicher Hof

Ein kleines Paradies

 42 *Rheingärtchen in Düsseldorf*

In Düsseldorf Pempelfort, direkt am Rheinufer gelegen, befindet sich das Rheingärtchen, eine der denkmalgeschützten Anlagen der Landeshauptstadt, ihres Zeichens die kleinste Anlage. Das macht sie besonders, und auch dass sie bereits seit fast neunzig Jahren den Düsseldorfern eine Art Hausgarten ist. Eine Oase der Ruhe am sonst so geschäftigen Joseph-Beuys-Ufer. Nicht weit entfernt steht der Gebäudekomplex Ehrenhof, der in Sachen Kunst definitiv auch ein Ort des Glücks ist. Aber zurück zum Garten. Von hier aus kann man das Tuckern der Schiffe hören und das Rauschen des Windes durch die Bäume. Die kleine Grünanlage mit ihren fünftausend Quadratmetern ist eine Insel für die Erholung.

In vier Bereiche ist der Garten eingeteilt, die zu entdecken zu einem kleinen Abenteuer für Gartenarchitekten wird. Da gibt es Japanische Kirschen, es gibt ein ovales Wasserbecken, gerade geschnittene, rechtwinklige Rasenflächen in sattem Grün, es gibt Sitzbänke mit Blick auf den Strom sowie Blumenbeete, in denen es je nach Saison gelb, rot, weiß oder lila blüht und duftet. Lila Duft? Ja, der eine oder andere vermag die Farben der Düfte zu erkennen. Und wem dies nicht vergönnt ist, der genießt einfach mit den Augen die Tulpen, Lilien oder Hyazinthen.

TIPP Ein Spaziergang über die weitläufigen Rheinwiesen führt Sie bis in die quirlige Altstadt.

Wer dem ruhelosen Wasser des Rheins zusieht und dann seinen Blick auf die akkurat geschnittenen Rasenflächen wendet, wird die Wahl des Standortes des Gartendirektors Walter von Engelhardt und des Gartenarchitekten Johann Heinrich Küchler verstehen. Es ist ein Ort der Muße, was auch durch die Skulptur der Wasserträgerin versinnbildlicht wird. Mit stoischer Gelassenheit balanciert die Nubierin einen Krug auf dem Kopf. Die Plastik wurde 1925 von der Stadt Düsseldorf gekauft und war zur Zeit des Zweiten Weltkrieges von der Frau des Künstlers Bernhard Sopher vor der Vernichtung gerettet worden. In den Fünfzigerjahren kehrte sie schließlich an ihren ursprünglichen Standort zurück. Hier gehört sie hin und hier scheint sie glücklich zu sein.

● Rheingärtchen, Joseph-Beuys-Ufer, 40479 Düsseldorf, Tel. (02 11) 8 99 48 00
www.duesseldorf.de/stadtgruen/park/rheingaertchen
● ÖPNV: U-Bahnen U 74, U 75, U76 oder U 77, Haltestelle Tonhalle/Ehrenhof

Das Herz geht auf

 43 *Marktplatz in der Innenstadt Xanten*

Xanten, die Siegfriedstadt, strotzt nur so vor mittelalterlich anmutenden Häusern und Winkeln und kann mit einer über zweitausendjährigen Geschichte aufwarten, die mit den Römern begann.

Der Marktplatz bildet das Zentrum dieser Römer- und Kirchenstadt, in der auch noch die Sagengestalt Siegfried eine wichtige Rolle spielt.

St. Viktor, dessen Grundsteinlegung auf das 13. Jahrhundert zurückgeht, gilt als der höchste Dom zwischen Köln und dem Meer.

Den Dom erreicht man vom Marktplatz aus mit wenigen Schritten. Rund um den Platz befinden sich Cafés, kleine Geschäfte, historische Bauten aus unterschiedlichen Epochen (Renaissance, Gotik) und der auffällige Norbertbrunnen. Auch eine Marktpumpe aus dem Jahr 1736 bereichert den Ort. Überhaupt gibt es im Stadtgebiet viele alte Brunnen und Pumpen.

Der Marktplatz selbst ist mehrmals im Jahr Standort von Festlichkeiten und besonderen Märkten wie z. B. dem Weihnachtsmarkt. Aber auch Kulturfestivals finden hier statt. Zu normalen Zeiten bietet das rege Trei-

 TIPP *Der Archäologische Park (APX) ist ein Eldorado für Fans der Geschichte.*

ben auf dem Platz viele Gelegenheiten zum Klönen, zum Schauen und zum Innehalten. Egal, ob man als Besucher in die Stadt kommt oder als Einwohner seinen Wochen- einkauf erledigt, der Marktplatz ist mehr als ein Ort zum Darüberschlendern. Er ist der Puls für eine rege Stadt, die eine Menge an Geschichte und eine Menge an modernem Leben zu bieten hat. Seit 2014 ist Xanten, das ohnehin ein attraktives Urlaubsziel ist, ein anerkannter Luftkurort.

Der Archäologische Park Xanten (APX), gleich vor der Stadt, ist ein weiterer Anziehungspunkt, wo man lebendige Geschichte erfahren kann. Reines Freizeitvergnügen erlangt man in der Xantener Nord- und Südsee, ein Paradies für Wasserfans jeglicher Art. Glücksmomente kann man hier also in ungeahnter Vielfalt erleben – mitten im Leben auf dem Marktplatz, in der Stille des Doms, in der vielfältigen Geschäfts- und Restaurantwelt, im Museum, im Park oder beim Schwimmen im See.

> ● Markt, 46509 Xanten, www.xanten.de
> ● ÖPNV: Bus SL 40, SL 42, Haltestelle Dom

Das Plätschern des Wassers

 44 *Im Tretboot auf dem Hariksee in Nettetal*

Bewegung ist gesund. Frische Luft ist gesund. Bootfahren ist romantisch. Drei Gründe, warum man unbedingt mal auf dem Hariksee ein Tretboot mieten sollte. Oder ein Ruderboot.

Der See ist eingerahmt von Wald und gepflegten Privatgrundstücken. Er ist ein Kleinod, ein Refugium, ein Rückzugsort für Menschen, die unter der Woche vielen Anforderungen im Berufs- und Privatleben ausgesetzt sind. Am Wochenende kommt man hierher und fühlt sich sofort entschleunigt. Wenn man dann noch ein Boot nimmt (Kajaks, Kanus etc.), ein wenig hinausfährt und sich treiben lässt, hört man nur noch das Wasser, das leise gegen den Rumpf plätschert, hört im Sommer hier und da ein paar Kinder spielen und planschen, kann seinen Gedanken freien Lauf lassen und wieder Kraft sammeln.

Der Hariksee existiert bereits viele Jahrtausende und bedeckt ein Gebiet von rund zwanzig Hektar. Hier finden sich Bruchwälder und eine üppige Ufervegetation. Selbst in normalen Sommern bedeckt das Wasser die Erlensumpfmoore, und zahlreiche Sumpfpflanzen stellen auch optisch

TIPP

Wer sich im Angeln versuchen möchte, kann sich unter Tel. (01 52) 29 14 91 19 informieren.

mit den auffälligen Stegwurzeln der Schwarzerlen eine Besonderheit dar. Im Wasser tummeln sich Hechte, Brassen, Barsche, Forellen und Karpfen. Am nordwestlichen Ufer befindet sich die Mühlrather Mühle, die über Jahrhunderte hinweg mit dem Wasser des Hariksees gespeist wurde und ihren Dienst verrichten konnte.

Wer sich entschleunigt genug fühlt, kann spaßeshalber mit dem „Patschel", dem Fährboot, das am oberen Hariksee in der Sommersaison Fahrgäste über das Wasser schippert, um die Wette treten oder rudern. Anschließend lässt sich im Inselschlösschen wieder entspannen, denn das Leben gewinnt ja durch Gegensätze: Hier die Ruhe auf dem Wasser, dort turbulente Gastlichkeit und reichlich Angebote für den Gaumen. Die Seele wird verschiedene weitere Plätze finden, die Glück versprechen.

● Hariksee, Harikseeweg, 41366 Schwalmtal, Tel. (0 21 63) 57 22 93, www.hariksee.com
● ÖPNV: Bus 011, Haltestelle Hariksee Niederkrüchten

Der Poet fürs Glück

Denkmal Hanns Dieter Hüsch in Moers

Einer der berühmten Söhne der Stadt Moers ist Hanns Dieter Hüsch. Er wurde am 6. Mai 1925 geboren und ist achtzig Jahre später in Werfen im Windecker Ländchen verstorben. Er war Kabarettist, Liedermacher, Autor, Moderator und einiges mehr sowie bundesweit bekannt. Er galt als „Poet unter den Kabarettisten" (Johannes Rau). Als Niederrheiner setzte er sich mit den Lebensumständen der durch die Region geprägten Menschen kritisch und amüsiert auseinander. Auch mit der eigenen Person ging er schonungslos offen um, verbarg nicht die vermeintlichen Schwächen und Gebrechen und ließ seiner Kreativität freien Lauf, auch um das Manko seiner missgebildeten Füße aufzuarbeiten. So wurde aus dem selbstironischen Jungkabarettisten zunächst ein Medizin- dann ein Theaterwissenschaftsstudent. In Mainz war er Teil des Studentenkabaretts „Die Tol(l)eranten". Das erste Soloprogramm brachte ihn 1949 einem breiteren Publikum nahe. Über siebzig Programme hat er in seinem Leben geschaffen. In den Fünfziger- und Sechzigerjahren versorgte er sich und seine damalige Familie mit Auftragsarbeiten und als Sprecher beim Radio. Er war einer, der dem Volk aufs Maul schaute und dieses auch kundtat. Schon in den Anfängen der Fernsehkultur war er auf der Mattscheibe präsent und wurde mit seinen Darbietungen zunehmend politischer. Weniger bekannt ist, dass er auch als Synchronsprecher tätig war. Für „Dick und Doof" und „Die kleinen Strolche" hat er seine Stimme zur Verfügung gestellt. Zu einer favorisierten Figur beim Publikum wurde „Hagenbuch", ein Träumer und Spießer. Daneben erblickten zahlreiche Bücher, Schallplatten etc. das Licht der Welt und brachten die Leute zum Schmunzeln, Lachen und Nachdenken. Kein Wunder, dass Hüsch ein Mensch ist, dem man einen Glücksort widmen muss. Stellvertretend dafür steht vor dem Gebäude der Stadtbücherei und VHS in Moers ein Denkmal, das den begnadeten Künstler und Freigeist darstellt. In der Bücherei kann man sich mit seinen Werken eindecken und dann im Sonnenschein vor dem Denkmal Platz nehmen.

TIPP Erschließen Sie sich Hüschs Geburtsort bei einem Spaziergang durch die Innenstadt.

Hanns-Dieter-Hüsch-Bildungszentrum, Wilhelm-Schroeder-Straße 10, 47441 Moers, www.moers.de

ÖPNV: Bus 911, Haltestelle Nordring, Bus 929, Haltestelle Königlicher Hof

Ein Park für die Sinne

 Der Stadtpark in Kalkar

Der historischen Innenstadt vorgelagert, aber irgendwie doch schon dazugehörig liegt der Kalkarer Stadtpark fußläufig und mit Blick auf die St. Nicolaikirche wie eine Verheißung für fremde Gäste auf das, was dieses Städtchen noch zu bieten hat. Ein Hingucker ist die Wasserfontäne. Man kann gar nicht anders, als stehen zu bleiben und dem Wasserspiel einige Minuten lang zuzuschauen. Am besten nimmt man auch Platz auf einer der Bänke, die in exponierter Lage auf der Altkalkarer Straße stehen. Von dort kann man das Treiben auf der Straße beobachten und ein wenig in der Grünanlage Schwanenhorst und eben, wenn man sich umdreht, auf den Weiher im Stadtpark schauen.

Viele Monate lang haben 2012 und 2013 die Verantwortlichen bei der Stadt die Grünanlage sanieren lassen und für Sicherungsmaßnahmen gesorgt. Das Wegenetz hat man einer Grundsanierung unterzogen, und mit geeigneten Mitteln, Techniken und Materialien versucht man, Erosionen zu stoppen, die Uferböschung zu sichern, die Wasserqualität zu verbessern und Wildgehölze zum Nutzen des Parks in Schach zu halten. Gar nicht zu reden von den Pflegemaßnahmen auf Spielplätzen, Freiflächen und der saisonalen Gestaltung mit Blühpflanzen und entsprechenden Kübeln. Man hat für ein Refugium gesorgt, in dem man sich erholen kann. Nicht nur die Wasserfontäne soll den Blick fangen, sondern man gibt allen Sinnen genügend „Futter", um den Stadtpark als Garten für alle zu empfinden. Die Enten scheinen sich bereits mit großem Geschnatter dafür zu bedanken, dass sie mitten in der niederrheinischen Stadt ein schönes Zuhause finden konnten. Der Stadtpark grenzt an den Stadtgraben, der, genau wie der Leybach auf der östlichen Seite das mittelalterliche Kalkar begrenzt hat. Die Straßenführung wurde gittermäßig angelegt. Vielleicht entdecken Sie es heute noch, wenn Sie vom Stadtpark aus eine Erkundungstour unternehmen? Sie können aber auch noch eine Weile auf der Bank sitzen bleiben, dem Geschnatter der Enten zuhören, den jauchzenden Kindern, dem Wispern der Blätter oder dem Rauschen der Wasserfontäne.

TIPP Erleben Sie Stadtgeschichte und Kunst aus dem zwanzigsten Jahrhundert im Städtischen Museum.

Stadtpark Kalkar, 47546 Kalkar, Touristeninformation Tel. (0 28 24) 13-120, www.kalkar.de
ÖPNV: Bus 46, Haltestelle Bahnhofstraß

Das funkelnde Schwarz

 47 *Das „Schwarz-Wasser" in Wesel*

Im Norden Wesels liegt eines der ältesten Naturschutzgebiete von Nordrhein-Westfalen (seit 1936). Es ist der Diersfordter Wald mit zahllosen Kiefern- und Eichenbirkenbäumen. Das durch Sanddünen geprägte Gelände ist durchzogen von kleinen Senken; im Laufe der Zeit haben sich viele Moorgewässer gebildet und der Heideweiher „Schwarz-Wasser". Scheint die Sonne zwischen den Blättern hindurch, schimmert und funkelt das Wasser verheißungsvoll und märchenhaft trotz seiner dunklen Farbe. Der Name „Schwarz-Wasser" rührt vom Zersetzungsprozess der Pflanzen im Moor, die für die dunkle Farbe verantwortlich sind. Das allein ist schon faszinierend, weil es nicht oft vorkommt. In Kombination aber mit dem Mischwald, in dem Bäume, neben den oben genannten auch betagte Buchen, über dreißig Meter hoch sind, wird ein Spaziergang auf dem Rundweg zum Abenteuer oder wahlweise zum sinnlichen Erleben. Die Libellen schweben über dem Wasser, das Sonnenlicht lässt sie wie flirrende Edelsteine aussehen; über den Baumkronen segelt ein Baumfalke auf der Suche nach Beute, und der Schwarzspecht klopft in der Ferne fleißig an seiner Bruthöhle. Im Wildgatter sind Reh und Rehbock sowie Wildschweine untergebracht. Und wer genau hinsieht und weiß, wo sich die Tierchen gern aufhalten, wird vielleicht den seltenen Moorfrosch entdecken. Die Männchen sind während der Zeit der Partnersuche blau verfärbt.

TIPP Lohnenswert ist auch eine Fahrt zum Heimatmuseum in Schloss Diersfordt, das eine siebenhundertjährige Geschichte aufweist.

Der Heideweiher wird nur vom Regen gespeist. Im Boden wird eine wasserdichte Schicht oberhalb des Grundwasserspiegels vermutet. Die Natur lockt Besucher an, doch weil zu viele Gäste sich oft falsch verhalten haben, werden die Naturfreunde mittels des vorgezeichneten Weges gelenkt. Der jedoch trübt das Erleben und das Empfinden nicht, im Gegenteil: Das gute Gefühl, die Natur nicht zu stören, sondern ein wertschätzender Gast zu sein, lässt den Besuch und das Genießen noch kostbarer erscheinen. Sich Zeit nehmen und die Auswirkungen der wechselnden Lichtverhältnisse zu beobachten, ist ein Gewinn, nicht nur für den Fotoapparat.

> ○ Heideweiher Schwarz-Wasser in Wesel, Zufahrt über Kanonenberge, www.wesel.de
> ○ ÖPNV: Keine direkte Anbindung

Ruhepause bei den Seerosen

 48 *Der Mühlenteich in Watern*

Zugehörig zum Naturpark Maas-Schwalm-Nette präsentiert sich der kleine Ortsteil Watern als Geheimtipp für Naturfreunde und Wandersleute, die die Gegend rund um die Stadt Wegberg und die Tradition des einstigen „Tals der Mühlen" erkunden wollen. Für eine Rast und somit für einen Ort des Erholens und des kleinen Glücks ist der Mühlenteich eine willkommene Gelegenheit. Von der Bank aus aufs Wasser zu schauen, auf die Seerosenblätter, die sich wie sichere Flöße auf der Oberfläche ausbreiten, dabei den mitgebrachten Kaffee oder die Apfelschorle zu trinken, die Sonne ins Gesicht scheinen zu lassen und die Füße auszustrecken, lädt den Akku wieder auf. Gast sein in diesem Dorf wirkt wie ein Geschenk. Bei nicht wenigen stellt sich dabei das sichere Gefühl ein, dass es den Menschen hier gut geht. Es ist nicht viel Verkehr in diesem Teil von Wegberg, in dem es landwirtschaftliche Betriebe gibt mit Nutztier- und Pferdehaltung. Einige Angelteiche in der Gegend ziehen regelmäßig auch Ortsfremde an.

Die Bockenmühle, heutzutage in privater Hand, nutzte wie andere Mühlen auch zum Mahlen des Korns die natürliche Antriebskraft des Wassers. Sie arbeitete mit einem unterschlächtigen Wasserrad, der ältesten Form des Mühlenbetriebs. Das denkmalgeschützte Gebäude existiert seit dem 16. Jahrhundert. Gemahlen wurde hier bis zum Jahr 1960. Den Namen verdankt die Mühle ihrem einstigen Besitzer Christian Bocken. Das Wohnhaus wurde 1829 als vierflügelige Anlage erbaut. Nicht mehr im Originalzustand, aber dennoch sehenswert hat es die Zeiten überdauert.

TIPP Noch mehr Mühlen zeugen von der mahlenden Vergangenheit der Gegend: Tüschenbroicher und Ophover Mühle, die heute Gastronomie und Kulturelles anbieten.

Nicht weit entfernt steht eine weitere Mühle: Tüschenbroicher Mühle. Dort findet man eine Gastronomie mit breitem Angebot. Auch kann man eine Kahnpartie auf dem dortigen Schlossteich unternehmen oder eine Runde Minigolf spielen. In und um Wegberg liegen einige Mühlen, die es wert sind, besucht zu werden. Welch ein Glück!

Bockenmühle in Wegberg-Watern, Zur Bockenmühle 3, 41844 Wegberg-Watern
www.wegberg.de
ÖPNV: Bus 412, Haltestelle Zur Bockenmühle

Besonders rasten

49 *Die Geismühle in Krefeld an der A 57*

Vielen Autofahrern auf der A 57 wird zwischen den Städten Krefeld und Meerbusch schon oft ein gut erhaltenes Bauwerk aufgefallen sein, das man im Vorbeifahren wahrnimmt. Meist denkt man aber nicht darüber nach, was es damit auf sich hat. Bestens sichtbar steht dort eine alte Turmwindmühle, die zu den Holländerwindmühlen (auch Turmholländer genannt) gehört. Gleich nebenan befindet sich die nach ihr benannte Raststätte Geismühle. Es steht also direkt ein großräumiger Parkplatz zur Verfügung. Allerdings kommt man auch von der bewohnten Seite her zur Windmühle. Wenn man bei einer Fahrt auf der Autobahn Richtung Köln Sehnsucht nach der guten alten Zeit bekommt oder neugierig ist, was die Geismühle zu erzählen hat, bietet es sich an, den Rastplatz aufzusuchen. Hier kann man für einen Moment der Hektik auf der Reise oder auf dem Weg von der Arbeit nach Hause entfliehen und dem Flügelrad des alten Gemäuers Aufmerksamkeit schenken.

Diese etwa siebenhundert Jahre alte Getreidemühle zählt zu den ältesten Mühlen am Niederrhein und wird aufgrund ihrer Lage an der Autobahn als solche Besonderheit oft verkannt. Außerdem gilt sie als eines der Wahrzeichen von Krefeld. Ursprünglich war der Turm errichtet worden als vorgelagerter Wachturm der Burg Linn, die circa zweieinhalb Kilometer entfernt ist. Schießscharten zeugen heute noch von dieser einstigen Bedeutung. Unter unterschiedlichen Besitzern und mit diversen Schädigungen hat die Mühle die Zeiten überdauert und wurde 2006 und 2007 gründlich renoviert, so dass das Mahlwerk wieder voll funktionsfähig ist. Zu bewundern ist dieses an Sonntagen in der Sommersaison. Jedoch kann man das Bauwerk auch von außen betrachten, besonders lohnenswert wenn sich bei passendem Wind die Flügel drehen. Drehen auch Sie eine Runde um die Mühle; vielleicht drehen sich die Gedanken ja mit, vielleicht bekommt man auch den Kopf frei, wenn man diesen in den Nacken legt, nach oben schaut und vergegenwärtigt, wie die Bauern die Kornsäcke hierher gebracht haben.

TIPP Sonderführungen sind ganzjährig nach Absprache möglich, Tel. (0 21 51) 54 40 44.

▶ Geismühle an der Raststätte Geismühle, www.krefeld.de
▶ ÖPNV: Bus 057, Haltestelle Geismühle

Farben des Morgens

 Zwischen Kamp-Lintfort und Neukirchen-Vluyn

Schöne Momente zwischen Nacht und Tag, vom Himmel gestaltet, von der Sonne ins rechte Licht gesetzt – wer kennt sie nicht? Sonnenaufgang, die Wolken sind rosa- und orangefarben, manche auch lila und blau, andere tragen noch die Abwesenheit von Farbe am langsam bunter werdenden Himmel zur Schau – und dann leuchtet der Horizont plötzlich zwischen den Bäumen orange und gelb und rot wie ein zündendes Feuer. Das Licht des Tages beginnt und kitzelt uns am Auge, an der Wange, an der Nase. Es leuchtet durchs Seitenfenster des Autos, mit dem wir zur Arbeit fahren, erinnert uns daran, dass wir nicht nur aufgestanden sind, um unsere Pflichten zu erfüllen, sondern dass wir uns an den kleinen Momenten wie diesen erfreuen können, dass jeder Tag mehr zu bieten hat als das Zeitkorsett, innerhalb dessen wir unseren Job erledigen.

Auf der L 476 zwischen Kamp-Lintfort und Neukirchen-Vluyn gibt es, besonders im beginnenden Herbst, wenn die Nebelschwaden morgens über den Wiesen und Feldern stehen, solch magische Momente, wenn die Sonne über die Wipfel steigt. Wer dann auf dem Weg in die Stadt ist,

 TIPP Ein paar Kilometer weiter wartet der Hülser Berg mit seiner sagenhaften Geschichte auf Neugierige.

um sein Tagwerk zu beginnen, bekommt eine satte Portion Glücksgefühl verpasst beim Anblick der Morgenröte und dem schemenhaft zu erkennenden Förderturm der ehemaligen Zeche Niederberg. Das Betriebsende, in dessen Folge man die Tagesanlagen abgerissen hat, trat schon 2001 ein, aber der Turm ist als Industriedenkmal stehen

geblieben. Fast majestätisch prägt er die Landschaft zwischen Rayen und Dickscher Heide und steht stellvertretend dafür, wie der Steinkohlenabbau für diese Gegend prägend und existenziell war. (Das ehemalige Bergwerksgelände ist noch abgesperrt.) In Kamp-Lintfort wurde erst Ende 2012 die Zeche stillgelegt. „Schicht im Schacht" wird die letzten noch aktiven Bergwerke ebenfalls treffen. Noch intakte Anlagen kann man z. B. in Kempen sehen. Der Untertagebau wird trotz allem immer zur Geschichte des Niederrheins gehören. Schicht im Schacht, die Zeiten ändern sich, die Morgenröte nicht.

○ www.neukirchen-vluyn.de
○ ÖPNV: Keine direkte Anbindung

Süß und verlockend

51 Eisdiele Unbehaun in Düsseldorf

„Da könnte ich mich reinsetzen!" So begeistert ist meist die Reaktion nach dem Verzehr. Noch Stunden danach hat man das Gefühl, dass einem das Wasser im Mund zusammenläuft. Viele Gäste der Düsseldorfer Eisdiele Unbehaun warten geduldig in einer langen Schlange auf die Gelegenheit, eine der wenigen Eissorten zu ergattern, die man hier mit Liebe und Sorgfalt und aus rein natürlichen Zutaten herstellt. Man pflegt ein wenig die Tradition des Puren, Einfachen, denn das Café selbst ist unspektakulär eingerichtet, die gängigen „Eiskugeln" sucht man vergebens, das Eis wird – wie in Italien üblich – in einen Becher oder in ein Hörnchen gestrichen und man beschränkt sich auf „nur" fünf Eissorten. Aber was braucht man eine ganze Palette an Sorten, wenn diese fünf alles bieten, was das Herz eines Sommer-Eis-Fans begehrt? Vanille, Erdbeere, Schokolade, Zitrone, Nuss – pur, unverfälscht und in diversen Mengen zu bekommen. Ach, natürlich sind nicht nur die Sommerfans gefragt – Eis schmeckt selbstverständlich auch im Winter! Wenn man sich im Internet die Kommentare von Gästen durchliest, verwundert es nicht, dass die Menschen im Hochsommer geduldig warten, bis sie an die Reihe kommen. Es lohnt sich.

Für Unzählige lohnt es sich immer wieder. Die Traditionseisdiele hat etliche Stammgäste im Seniorenalter, die schon als Kinder hergekommen sind, um sich verwöhnen zu lassen. Seit 1906 besteht das Geschäft, das nun in den Händen gebürtiger Südtiroler ist. Aber dass alles so bleibt wie früher, nämlich das Angebot und der Charme, war Bedingung des Herrn Unbehaun, der einst vor langer Zeit das Geschäft mit dem Eis in Düsseldorf ins Rollen gebracht hat. Die Leute schwärmen geradezu, und es fallen schon mal Begriffe wie „bestes Eis der Welt" oder „es hat mich umgehauen". Na, wenn das nicht Motivation genug ist, das Glück in Form eines Eisbechers selbst mal zu testen.

○ Eisdiele Unbehaun, Aachener Straße 159, 40223 Düsseldorf-Bilk, Tel. (02 11) 15 35 75
○ ÖPNV: Tram 712, Haltestelle Südring

Glanz und Gloria am Rheinufer

52 Die Ruine Kaiserpfalz in Kaiserswerth

Kaiserswerth ist eine ehemalige Reichsstadt und nachweislich (urkundlich) der älteste Stadtteil Düsseldorfs. Es liegt genau zwischen Duisburg und Düsseldorf, dort, wo man den Rhein gut dreizehn Kilometer weit überblicken kann, denn der Strom macht einen flachen Bogen. Der Name bedeutet Kaiserinsel oder Insel des Kaisers.

Der Ursprung der Kaiserpfalz als besonderer Ort soll auf eine Klostergründung des angelsächsischen Mönches Suitbertus um 700 zurückgehen. Jener soll die schon künstlich angelegte Rheininsel geschenkt bekommen haben, auf der sich bereits ein Fronhof befand. Daraus wurde im Laufe der Zeit eine Burg. Heinrich III. ließ die Burg ausbauen und das, was gegenwärtig noch als Ruine vorhanden ist, wurde um 1184 schließlich von Barbarossa erweitert, nachdem er eine Zollfeste benötigte. Als eine Konsequenz im Spanischen Erbfolgekrieg gab es Anfang des 18. Jahrhunderts eine letzte große Belagerung, in deren Folge die Pfalz zerstört wurde.

Vom Burgweg aus lässt sich die Ruine, die in die Denkmalliste Düsseldorfs eingetragen wurde und deren Mauern bis zu viereinhalb Meter dick sind, erkunden. Für Kinder ist dieser Ort ein richtiger Abenteuerspielplatz. Für Erwachsene erschließt sich ein wenig das Mittelalter, und gerne lässt man sich einfangen von der idyllischen Lage. Der von Lindenbäumen gesäumte Weg bietet einen wunderbaren Blick auf dieses alte Bauwerk.

Nicht weit entfernt laden Cafés und das Rheinufer zum Verweilen ein, zum Träumen, zum Entspannen. Auch bietet die Kaiserswerther Innenstadt eine Menge an Geschichte und Geschichten, an Kulinarischem und an Möglichkeiten, sich die Beine zu vertreten. Man fragt sich, ob der Charme der Gassen das automatisch sich einstellende Wohlgefühl erzeugt oder ob der einzigartige Strom Rhein seinen Charme ans Ufer schwappen lässt. Wie auch immer, Kaiserswerth mit seiner kaiserlichen Vergangenheit lockt nicht nur die Düsseldorfer.

● Die Kaiserpfalz in Düsseldorf Kaiserswerth liegt unmittelbar am Rheinufer, www.duesseldorf.de
● ÖPNV: Stadtbahnlinie U 79, Haltestelle Klemensplatz, Schiffsanlegestelle Kaiserswerth
Fährverbindung Kaiserswerth/Langst

Pilgern, rasten, entspannen

53 Der Kirchvorplatz in Marienbaum

Marienbaum als Stadtteil von Xanten gilt als ältester Wallfahrtsort am Niederrhein. Und der Niederrhein ist eine Region mit vielen historischen Stätten voll religiöser Traditionen. „Broechem" war der Name der Ansiedlung im Mittelalter, und im Jahr 1419 wurde Haus Balken erbaut. Das heutige Gutshaus ist ein Nachfolger dessen und dient der Unternehmerfamilie Underberg als Zuhause. Ein wenig später, nämlich im Jahr 1430, erblickte der Sage nach ein gelähmter Hirte im Traum eine treppenförmige Eiche. In deren Krone sah er das Bildnis der Muttergottes. Er wurde gesund, und man baute acht Jahre darauf an dieser Stelle eine Kapelle. Der Name „An gen Trappenboom" erinnert an jene Eiche. Ab dem Jahr 1441, in dem das Gotteshaus vollendet wurde, begannen Wallfahrer diesen Ort aufzusuchen. Damit begann der „Ruhm" dieser Gegend. Maria von Burgund gründete 1460 nahe der Kapelle ein Kloster (Birgittenkloster) und ließ sich leiten von den Regeln der Birgitta von Schweden, die wegen ihrer Wohltätigkeit und Frömmigkeit verehrt wurde. Langsam wuchs Marienbaum zu einem stattlichen kleinen Dorf heran. Zwischen 1712 und 1714 wurde die Kapelle teilweise abgerissen und an derselben Stelle die Kirche St. Mariä Himmelfahrt gebaut. Diese wurde von der Abteikirche zu Napoleons Zeiten zur Pfarrkirche. Der Kirchturm ist aus dem 19. Jahrhundert. Die Glocken läuten täglich um 11.05 Uhr und 17.05 Uhr. Heutzutage kommen jährlich fünfzehntausend Pilger nach Marienbaum. Neben dem Gotteshaus findet man ein Informationsschild für Jakobspilger, und davor ist ein Brunnen mit der Marienstatue, die die Nachbildung des Gnadenbildes „Maria, Zuflucht der Sünder" zeigt. Es stehen ringsum einige Bänke, die zur Rast einladen. Von hier aus kann man den Himmel betrachten, das imposante Gebäude, die gepflegten Gartenanlagen und – ob gläubig oder nicht – sich der langen Geschichte besinnen, die dieser Ort zu erzählen hat.

TIPP Sehenswert ist das Wallfahrtsmuseum gleich nebenan, in dem viel Interessantes zu diesem Ort erzählt wird. Bitte anmelden unter: Tel. (0 28 04) 3 70.

◐ Sankt Mariae Himmelfahrt, Klosterstraße 23, 46509 Xanten,
Tel. (0 28 04) 3 70, www.xanten.de
◐ ÖPNV: Bus SL 42, Haltestelle Birgittenstraß

Auf dem Weg zur Kunst

 54 *Der Mataré-Kunstweg in Meerbusch*

Im Zuge der ersten grenzüberschreitenden „Regionalen" EUROGA 2002plus als regionale Strukturfördermaßnahme entstand in Meerbusch der Kunstweg „Mataré und seine Schüler". In besonderer Weise wird hier den Künstlern eine Ehrung zuteil, die an ihre Verbundenheit mit der Stadt erinnert.

Ewald Wilhelm Hubert Mataré wurde 1887 in Burtscheid bei Aachen geboren und war der jüngste von drei Brüdern einer ursprünglich katalonischen Familie. Seine künstlerische Ausbildung beinhaltete die Malerei, die Bildhauerei und Grafiken. Als er 1932 eine Professur an der Staatlichen Kunstakademie Düsseldorf angeboten bekam, zog er nach Büderich. Während der Zeit des Dritten Reichs galt er als „entarteter Künstler" und bestritt seinen Lebensunterhalt u. a. mit kirchlichen Auftragsarbeiten. Nach dem Krieg war er bis 1957 als Professor in Düsseldorf tätig und unterrichtete Künstler wie Joseph Beuys, Paul Grimm, Georg Meistermann und Kurt Link. Von Letzterem steht die „Windsbraut" im Büdericher Hallenbad-Park und bildet den Ausgangspunkt für den Kunstweg. Link war ein gebürtiger Kölner und lebte u. a. in Meerbusch. In den Fünfziger- und Sechzigerjahren war er mit seinen Werken in allen wichtigen Ausstellungen vertreten. Link verstarb 1996 in Düsseldorf; Mataré lebte bis 1965.

TIPP Der Kunstweg verläuft durch die Innenstadt, den Wegweiser dazu findet man auf der Internetseite der Stadt.

Mit dem Kunstweg hält die Stadt die Erinnerung an diese Menschen aufrecht. Außerdem möchte man die Präsenz von Kunst im öffentlichen Raum einerseits als Selbstverständlichkeit anbieten, sie andererseits durch das moderne Arrangement wieder neu ins Bewusstsein holen, damit die Leute nicht einfach daran vorbeischlendern, sondern die Kunst als bereichernde Zutat zum Alltag sehen. Der Kunstweg startete mit sechzehn Objekten und ist durch die Lebendigkeit und das Interesse von Mäzenen und dem Land Nordrhein-Westfalen bereits auf achtzehn erweitert worden. Weitere neue Objekte sind denkbar.

● Ausgangspunkt Kunstweg: Büdericher Allee, Eingang Park, 40667 Meerbusch, www.meerbusch.de
● ÖPNV: Bus 830, Haltestelle Büdericher Kirche

In der Vergangenheit

55 *Die Feldstraße in Wachtendonk*

Am Zusammenfluss der Gewässer Niers und Nette liegt die Stadt Wachtendonk in unmittelbarer Nähe zur niederländischen Grenze. Die Stadt ist durch vielerlei Besonderheiten bekannt. Zum einen gilt sie als nördliches Tor zum Naturpark Schwalm-Nette und zum anderen ist sie beliebtes Ziel und Ausgangsort für Kanutouren auf der Niers und Wanderungen. Und da ist natürlich noch die Vielzahl an denkmalgeschützten Häusern. Der gesamte historische Ortskern steht unter Denkmalschutz und ist sicher mehr als einen einzigen Besuch wert. So viel gibt es zu entdecken: Exemplarisch sei hier die Feldstraße genannt, in der z. B. das berühmte Haus Püllen steht. Dieses Gebäude wurde 1634 erbaut und überstand das große Feuer von 1708. Heutzutage beherbergt es eine Dauerausstellung über den o. g. Naturpark und dient diesem als eines seiner Info-Zentren. Auch vom Feuer verschont blieb der Pulverturm der Stadt – heute ein Restaurant. Rechts und links von Haus Püllen finden sich weitere geschützte und liebevoll restaurierte Gebäude. Die Feldstraße wie auch die übrigen Gassen und Winkel beruhen auf einer Straßenführung, die schon vor über 300 Jahren die Anwohner durch die Stadt geleitete. Hervorzuheben ist die sorgsame Pflege der kleinen Accessoires. Viele Häuser werden von ihren Besitzern mit Blumenschmuck und kunsthandwerklichen Hinguckern verschönert; außerdem finden sich im Stadtbild diverse alte Brunnen und Pumpen.

TIPP In der „Blauen Lagune" (Heidesee) lässt es sich an heißen Sommertagen besonders gut aushalten.

Hat man die Innenstadt besichtigt, lohnt sich noch der kleine Abstecher zur Burgruine Wachtendonk. Diese alte Anlage erzählt von der wechselhaften Geschichte der Stadt, die Standort unterschiedlicher Herrscher verschiedener Nationen war. Heute ist hier der Frieden eingekehrt. Ein Bummel am Wasser entlang mit Blick auf die typisch niederrheinische Vegetation mit Kopfweiden und Pappeln wirkt Wunder bei gestressten Seelen. Möglicherweise geht es gleich weiter in die Wankumer Heide, eines der landschaftlich schönsten Gebiete am Niederrhein.

Feldstraße, 47669 Wachtendonk, www.wachtendonk.de
ÖPNV: Bus 34, 063, 69, Haltestelle Friedensplatz

Hoch hinaus in Hinsbeck

 56 *Aussichtsturm Taubenberg in den Hinsbecker Höhen*

Ein wunderschönes naturbelassenes Waldgebiet mit Historie liegt im niederrheinischen Hinsbeck. Das Dorf ist staatlich anerkannt als Erholungsort und sticht mit seiner Lage als „Bergdorf" oder auch als „Hinsbecker Schweiz" aus dem sonst üblicherweise flachen Land der Region hervor. Der Ort und die Hinsbecker Höhen gehören zum Naturpark Maas-Schwalm-Nette, in deren Nähe die Krickenbecker Seen und die Grenze zu den Niederlanden liegen. Urkundlich erwähnt ist Hinsbeck bereits im 13. Jahrhundert. Die Seen ringsum sind erst durch Abtorfung nach dem Mittelalter entstanden; vorher hat es hier viele Moore und Bruchland gegeben. Durch Holzschlag wurden Wälder vernichtet, und die Landschaft verwandelte sich in ein Heidegebiet. Mitte des 18. Jahrhunderts begann man wieder mit der Aufforstung. Dadurch und durch natürliche Ausbreitung sind neue Mischwälder gewachsen. In dieser Umgebung fühlte man sich wohl und heimisch. Es sei denn, man hatte etwas verbrochen. Der Hinsbecker Wald war nämlich auch ein Gerichtsort. Noch heute kann man die Schöffenschlucht und den Galgenberg besuchen; die Gerichtsstätte „Geer" ist mit Holzbänken versehen, sodass man sich vorstellen kann, wie hier einst getagt wurde. Nicht nur Verbrechen wurden verhandelt, sondern auch Versammlungen abgehalten, fremde Gäste geehrt oder der Landbrief verlesen. Es war also ein Ort für tagesaktuelles Geschehen.

TIPP Das Sport- und Erlebnisdorf Hinsbeck bietet mit dreißig Ferienhäusern eine attraktive Erlebniswelt, besonders für Kinder und Jugendliche.

Geht man weiter in den Wald hinein und läuft über fast zugewachsene Pfade, entdeckt man rasch den Aussichtsturm Taubenberg. Spätestens beim Besteigen des Turms ereilt einen das Glücksgefühl der Leichtigkeit. Der Turm ragt beachtlich über den Wald hinaus und ist von seiner ursprünglichen Höhe her um weitere dreizehn Meter vergrößert worden; bei einer Turmhöhe von 28,8 Metern steht man somit hundertzehn Meter über dem Meeresspiegel und hat einen imposanten Blick bis zu den Niederlanden und zum Rhein. Der Turm existiert seit 1970 und wurde im Rahmen der EUROGA2002plus instandgesetzt.

● **Heide, 41334 Nettetal-Hinsbeck**
● **ÖPNV: Bus 095, Haltestelle Nettetal Johannesstraße**

Abendstimmung am Schloss

57 *Im Innenhof von Schloss Rheydt*

Eine einzigartige Anlage mit romantischem Flair und märchenhaftem Charme findet man in Schloss Rheydt. Dieses ist eine Renaissance-Wasserschlossanlage am Rande Mönchengladbachs, die durch ihre Optik und den sichtbar guten Zustand besticht. Zudem beherbergt das Schloss ein interessantes Museum, das z. B. der Heimatkunde („Flashback") gewidmet ist, den wundersamen, schönen Dingen der Renaissance („Wunderkammer") und der Bauhistorie der Anlage selbst (Kasematten, Kellergewölbe). Betritt man das Schloss durch die Torburg und kommt in den Innenhof, wo sich der Eingang zur Vorburg, das Verwaltungsgebäude und das darin untergebrachte Restaurant befinden, ist man gleich von der urtümlichen Atmosphäre umfangen. Am späteren Tag, wenn die Nachtbeleuchtung angestellt ist, lohnt sich ebenfalls ein Besuch, auch wenn das Museum schon geschlossen sein sollte. Man kann unter den Bäumen sitzen und die Szenerie auf sich wirken lassen. Der angrenzende Park mit dem Wassergraben und den z. T. offen zugänglichen Kasematten ist ebenfalls einen Besuch wert.

TIPP *Das Freibad am Volksgarten lockt zum Planschen und Sonnenbaden.*

Die Anlage, so wie sie heute noch teilweise steht, wurde im Auftrag von Otto von Bylandt zwischen 1558 und 1591 durch den Baumeister Maximilian von Pasqualini errichtet. Von der ursprünglichen Motte, zur Burg, zum Schloss avancierte das Gebäude durch An- und Umbauten.

Heute ist Schloss Rheydt ein Ort des Friedens, der Erinnerung und der Geschichten, ein Ort der Kunst und der Künstler. Kunsthandwerker werden hier gern gesehen. Mannigfache Angebote gibt es für die eigene künstlerische Perspektive. Kindergeburtstage können hier ebenfalls gefeiert werden, oftmals verbunden mit der Suche nach dem hauseigenen Gespenst. Keine Frage, dass Kinder dabei glücklich sind. Auch die bunten Pfauen sind eine Attraktion, die nicht nur die Kleinen jauchzend betrachten. Zu gern schlagen die schillernden Vögel ihre imposanten Räder.

Schloss Rheydt, Schlossstraße 508, 41238 Mönchengladbach, Tel. (0 21 66) 92 89 00
www.schlossrheydt.de
ÖPNV: Bus 016, Haltestelle Schloss Rheydt

Zwischen zukünftigen Riesen

 58 *Auf dem Wandelweg in Kamp-Lintfort*

Eine kleine Oase mitten auf dem Wandelweg, der in Kamp-Lintfort die alte Bergbauzeche mit dem Kloster Kamp verbindet, bildet das Mammutbaumwäldchen mit seinen Ruhebänken. Der Bergbau ist das Stichwort bzw. der Grund für die kleine Mammutbaumschonung.

Die Stadt Kamp-Lintfort verdankt ihre Existenz der Steinkohle. Diese Steinkohle entstand aufgrund der Vegetation, wie sie vor mehreren Hundertmillionen Jahren hier in der Gegend gedieh, in ausgedehnten Kohlesümpfen. Da die meisten Arten der damaligen Zeit ausgestorben sind, lässt sich mit den Nachfahren dieser Pflanzen eine Vision herstellen, wie es einst ausgesehen haben könnte. Daher setzte man hier Mammutbäume, Farne, Schachtelhalme u. a., um daran zu erinnern, welche großartigen Ressourcen die Natur beherbergt, wo die Wurzeln dieser kleinen Stadt liegen, nämlich tief im Boden, und dass alles im Wandel ist. Mit Blänken und wasserführenden Mulden wird versucht, den Eindruck des Karbon-Zeitalters noch zu verstärken.

Doch auch wenn man in der Gegenwart bleiben will und sich nur daran erfreut, dass es hier einen ruhigen Ort gibt für Spaziergänger und Hobbygärtner, die sich Inspirationen suchen für den heimischen oder den Schrebergarten, dann sollte man verweilen und die im sanften Wind wehenden Blätter der umgrenzenden Pflanzungen genießen. Vielleicht erinnert es den einen oder anderen an eine Gegend in den Bergen. Möglicherweise ist es gar nicht wichtig, dass die Mammutbäume Mammutbäume sind. Vielleicht ist es viel interessanter, dass dies ein schönes Fleckchen am Niederrhein ist und man von hier den Weg weiter gehen kann: bis zum Kloster Kamp oder in die andere Richtung bis zum Pappelsee. So lässt sich noch mehr von Kamp-Lintfort kennenlernen, dieser spannenden, kleinen, sich im Wandel befindlichen ehemaligen Bergbaustadt, die ihren Ursprung im Kohleabbau hat …

TIPP Besuchen Sie auch die Innenstadt Kamp-Lintfort, die sich mehr und mehr zur Perle entwickelt.

● Beginn Wandelweg in der Friedrich-Heinrich-Allee/Stephanstraße, Standort der Mammutbäume circa Höhe Schulstraße, 47475 Kamp-Lintfort, www.kamp-lintfort.de
● ÖPNV: Bus 7, Haltestelle Sporthalle

Den Blick schweifen lassen

 59 *Der Johannesturm auf dem Hülser Berg in Krefeld*

Bereits seit über vierzig Jahren können die Krefelder auf dem Hülser Berg noch höher hinaus. Dort steht der Johannesturm, der von einem Krefelder Unternehmer, Peter Feikes, zu Ehren seines Vaters Ende der Siebzigerjahre des vorigen Jahrhunderts erbaut wurde. Anlass war die Sechshundertjahrfeier der Stadt Krefeld. Der Vorläufer, ein Holzturm, ging auch auf einen Johannes zurück, nämlich Johannes Junkers, der somit auch als Namensgeber für den Aussichtsturm gilt. Die heutige Variante ist aus Stahl errichtet und besteht aus 163 Gitterstufen, die eine gewisse Schwindelfreiheit voraussetzen. Je höher man kommt, desto heftiger weht einem der Wind um die Ohren. Belohnt wird man mit einem Ausblick über den dichten Wald hinweg bis weit ins Land. Auch wenn die Bäume ringsum ein ordentliches Wachstum in den vergangenen Jahrzehnten hingelegt haben, so lässt sich dennoch die Aussicht über den Niederrhein bis zum Horizont auskosten. In luftiger Höhe verliert manche Sorge ihr Gewicht, mancher Kopf wird wieder klar und kurioserweise fühlt sich der eine oder andere nach dem Ausflug gen Himmel auf angenehme Weise geerdet.

TIPP *Der Hülser Berg bietet noch einiges mehr als den Waldlehrpfad, nämlich das Junkers-Denkmal und diverse Wildgehege (Dam-, Rot-, Schwarzwild).*

Geschichtliches zum Hülser Berg tut das Seinige dazu, denn schon in der Altsteinzeit haben hier Menschen ihren Alltag bestritten, was mit entsprechenden Funden belegt werden kann (Museum Burg Linn). Der Hülser Berg, der übrigens die höchste natürliche Erhebung auf Krefelder Stadtgebiet ist, verfügt über eine reiche Sagenwelt. Zum Beispiel erzählt man sich, ein Riese habe den Berg erschaffen, weil er gestolpert sei und seine beladene Schubkarre, voll mit Lehm und Sand aus dem Harz, dabei umkippte. Weitere amüsante Geschichten über Zwerge, Könige und Grafen existieren über diesen spannenden Ort. Weniger amüsant ist die Vergangenheit als Galgenberg, als Ort für Hinrichtungen. Es gibt auch noch zahlreiche Hinweise auf die Lehmabbaustellen (Tonkuhlen), denn Hüls war vom 17. bis 19. Jahrhundert eines der wichtigsten Pottbäckerdörfer der Region.

⊙ Hülser Berg, 47802 Krefeld; Wegweiser „Waldlehrpfad"
⊙ ÖPNV: Bus 060, Haltestelle Hülser Berg

Seerosenromantik

Schloss Bloemersheim in Neukirchen-Vluyn ist im Kreis Wesel eines der schönsten historischen Gebäude. In der in Privatbesitz befindlichen Anlage gibt es immer wieder kulturelle Veranstaltungen, bei denen auch für die Öffentlichkeit die Möglichkeit besteht, das Innere zu besichtigen. Der Radweg rund um das Schlösschen bietet indes immerzu einen geheimnisvollen Blick auf die Rückseite des Hauses. Hier glitzert der Teich, auf dem die Enten zwischen den Seerosenblättern gründeln und wo sich das Schilf im Sommerwind wiegt.

Friedrich Heinrich von der Leyen hat dieses Grundstück im Jahr 1802 von Friedrich August von Pelden (genannt Cloudt) erworben. Es ist bis heute der Sitz der von der Leyens. Im Gut gibt es einen bedeutenden Forstbetrieb und außerdem wird Obst angebaut.

Schloss Bloemersheim (gesprochen: Blomersheim) stammt aus dem Spätmittelalter und wurde 1406 als Lehen, damals noch Gut Blomertshof, von Haus Gastendonk erstmalig erwähnt.

Im 16. Jahrhundert gehörte Grund und Boden teilweise zum Herzogtum Geldern, sodass skurrilerweise die Grenze vom Herzogtum Geldern zur Grafschaft Moers quer durch die Küche und die Burganlage verlief.

Im Laufe der Jahrhunderte gab es verschiedene Besitzer und verschiedene Funktionen des Gutes, das z. B. als Jagdschloss und auch als Fluchtburg genutzt wurde.

Das eigentliche Entstehungsdatum der Wasserburg ist nicht bekannt.

Heutzutage sticht das Bauwerk durch seine Farbe und den guten Zustand aus der Umgebung optisch heraus und ist gleichzeitig harmonisch eingefügt in die Landschaft, die durch fruchtbare Felder geprägt ist.

Sieht man die Windkraftwerke in einiger Entfernung still ihre Arbeit verrichten, spürt man fast magisch eine Verbindung vom Heute zum Gestern.

● Parken am Friedhof, Niederrheinallee, 47506 Neukirchen-Vluyn
● ÖPNV: Bus 7, Haltestelle Vluyner Hof

Die Insel der Glückseligkeit

61 *Museum Insel Hombroich in Neuss*

Ein ganz besonderer Ort für Natur- und Kunstkenner bzw. -freunde ist das Museum Insel Hombroich in Neuss-Holzheim. Zusammen mit der Raketenstation Hombroich und dem Kirkeby Feld sind hier Räume und Darstellungsmöglichkeiten für Kunstschaffende entstanden, die ihresgleichen suchen.

Im Museum Insel Hombroich können die Besucher den „verwirklichten Traum" des Düsseldorfer Sammlers Karl-Heinrich Müller (1936–2007) entdecken, der Anfang der Achtzigerjahre des vergangenen Jahrhunderts das verwilderte Gelände am Ufer der Erft erwarb und fünf Jahre später das Museum aus der Taufe hob. Es gibt frei stehende Pavillons, die im direkten Kontext mit der sie umgebenden Natur Kunst präsentieren. Begehbare „skulpturale Architekturen" wie „Turm" und „Labyrinth" laden zu ganz persönlichen Kunsterlebnissen ein. Traditionelle asiatische Kunst steht im Kontrast – oder im Dialog? – zu moderner europäischer Kunst. Spannend ist z. B. der Blick zwischen Halmen hindurch auf die metallenen Figuren von Anatol. Um das eigene künstlerische Erfahren nicht zu lenken und zu beeinflussen, verzichtet man auf Erklärungen. Auch sind keine Wege vorgezeichnet. Die freie Bewegung, das Finden von Orten und Besonderheiten steht im Vordergrund. Besucher mögen sich bitte an den Inselkodex halten, der u. a. besagt, Getränke und Essen nur in der Cafeteria zu sich zu nehmen und die Kunstwerke nicht anzufassen.

Exponate von Erwin Heerich, Hans Arp, Paul Cézanne, Yves Klein und vieler weiterer Künstler sind in der Sammlung Müller enthalten. Das Angebot für Kulturinteressierte umfasst neben Ausstellungen auch Konzerte und Workshops. Die Stiftung Insel Hombroich zeichnet für das Programm verantwortlich.

Die Raketenstation beherbergt heutzutage Künstler unterschiedlicher Nationen und vieler Genres, die dort leben und arbeiten. Aus dem Standort des einstigen belgischen Raketengeschwaders ist ein lebendiger Ort kultureller Schaffenskraft geworden. Das Kirkeby-Feld zeigt Bauten des dänischen Künstlers/Lyrikers/Filmemachers Per Kirkeby.

● ●

▶ Museum Insel Hombroich, Minkel 2, 41472 Neuss, Tel. (0 21 82) 8 87-4000
Raketenstation Hombroich, 41472 Neuss, Kirkeby-Feld Hombroich, Berger Weg
41472 Neuss, www.inselhombroich.de
▶ ÖPNV: Bus 877, 869, Haltestelle Neuss

Mit gutem Gewissen

 62 *Das Goody Foody in Mönchengladbach*

Unbestritten zählen Essen und Trinken zu den kleinen Glücksmomenten des Alltags. Perfekt für Körper und Geist wird der Genuss, wenn zum herzhaften sinnlichen Erleben auch noch das Wissen hinzukommt, dass die lukullische Freude ein gesundes Ereignis ist und obendrein die heimischen Erzeuger stützt.

Das Goody Foody in Mönchengladbachs Innenstadt erfüllt diese Kriterien. Es ist ein Tagesrestaurant, in dem viele Berufstätige und Menschen, die zum Einkaufen in die Stadt kommen, ihre Glücksration in Form einer Ofenkartoffel, einer Suppe oder eines Baguettes abholen bzw. direkt vor Ort verspeisen. Das helle Ambiente des kleinen, unscheinbaren Ladens lädt zum Verweilen ein.

Seit 1999 gibt es den modernen Schnellimbiss unter Leitung von Herrn Hagelstein, der nicht nur sein Wissen als Koch, sondern auch als Ökotrophologe in seine Unternehmensphilosophie mit einbringt. Übersichtlich und wohl strukturiert findet der hungrige Mensch das Angebot vor und kommt dennoch ins Wanken, ob es die frisch gebackene Ofenkartoffel mit hausgemachtem Dip, aktuellem Saisongemüse oder den viel geliebten Matjessalat sein soll. Dabei wird auf die mittlerweile als Umweltsünde enttarnte Alufolie verzichtet. Oder vielleicht steht einem der Sinn eher nach einer vollwertigen Gemüsequiche? Aber was ist mit den knackigen Baguettes oder den frischen Suppen? Die sind doch auch so gut …? Die mit Kokos und Ingwer oder doch der Linseneintopf? Die Tagesangebote wechseln, was die Stammkunden wissen. Und wenn mal eines aus ist, dann können sie sicher sein, dass es turnusmäßig wieder drankommt. Denn wenn ein Gericht aus ist, hat es den Leuten geschmeckt und wird wieder auf die Karte gesetzt.

TIPP Zum Verdauungsspaziergang geht es in den Bunten Garten.

Als Nachtisch bieten sich Quarkspeisen, Fruchtsalate, Milchshakes oder frisch gepresste Obstsäfte an. Alles kann man natürlich auch mitnehmen – für Kollegen, die Familie….

Wenn's doch immer so einfach wäre, Glück einzupacken.

▶ **GOODY FOODY, Stephanstraße 7, 41061 Mönchengladbach, Tel. (0 21 61) 17 78 42**
www.goodyfoody.de
▶ **ÖPNV: Bus 002, 009, 015, 017, 019, Haltestelle Bismarckplatz**

Innehalten im Wäldchen

 63 *Auf dem Wandelweg in Kamp-Lintfort*

Das Stephanswäldchen markiert den Anfang – oder je nach Sicht – das Ende des Wandelweges in Kamp-Lintfort, der die ehemalige Zeche mit dem Kloster Kamp, der alten Zisterzienserabtei, verbindet. Den Eingang erreicht man offiziell von der Friedrich-Heine-Allee aus, und gleich fallen die stattlichen Platanen ins Auge sowie der Steinkreis, der einen Durchmesser von ungefähr fünfzig Metern hat. Es ist ein offenes Gelände, das auch von der Stephanstraße zugänglich ist.

Das grüne Eiland, das in unmittelbarer Nähe zur Innenstadt liegt, bietet unspektakulär, aber wirksam die Abkehr vom Rhythmus des Straßenverkehrs, vom Takt der sich ändernden Stadt, hin zur Einkehr in einen Mini-Wald mit einigen Ruhebänken und gartenbaulichen Erinnerungen. Schon in den Zwanzigerjahren war dieses Fleckchen, damals im Besitz des Bergbaus, mit saisonalen Bepflanzungen eine städtische Perle. Die Stadt Kamp-Lintfort ist seit den frühen Achtzigerjahren des vorigen Jahrhunderts Eigentümerin des Areals.

Heute nutzen die Menschen den Weg vorbei an den Platanen und am Bächlein Große Goorley nicht nur zum „Wandeln". Für die einen ist er Teil des Heimwegs vom Einkaufen, für die anderen Teil des Weges zur Schule, zur Arbeit… Automatisch verlangsamen sie ihre Schritte unterhalb des Blätterdachs, setzen sich vielleicht kurz hin, verweilen, nicken den Menschen zu, die sie hier öfter sehen, und nehmen die bewaldete Fläche dankbar zum Durchatmen wahr. Zunehmend entdecken auch die Studenten, von denen einige im neu gebauten Wohnheim in der Nachbarschaft leben, das Stephanswäldchen als Gelegenheit, die Gedanken zu sortieren und Kraft zu tanken, bevor es in die nächste Vorlesung geht.

Attraktiv ist außerdem die Nähe des kleinen Pappelsees und des Schwimmbades.

TIPP Der kleine Pappelsee bietet eine weitere Gelegenheit zum Rasten, Durchatmen und Entspannen.

⊙ Friedrich-Heinrich-Allee/Stephanstraße, 47475 Kamp-Lintfort, www.kamp-lintfort.de
⊙ ÖPNV: Bus 2 und Bus SB 10, Haltestelle Friedrich-Heinrich

Zwischen duftenden Kräutern

64 Der Kräutergarten in Zons

Hinter der Touristeninformation einmal ums Eck bietet ein kleines Juwel am Schlossplatz in Zons Einwohnern und Besuchern eine sinnliche Erfahrung – sowohl olfaktorisch als auch optisch.

Ein Besuch des Kräutergartens ist wie ein Mini-Urlaub, denn hier werden Pflanzen gezogen und gepflegt, die sowohl in der deutschen als auch in der europäischen Küche verwendet werden. Über die Nase und die Augen kann man abtauchen in die provenzalische oder mediterrane Küche, kann fühlen und schnuppern, was das Besondere an Basilikum, Pfefferminze, Salbei und Melisse ist. Man findet Lavendel und Petersilie und auch sonst noch allerlei Kräuter, die von den Bewohnern des Ortes gehütet werden.

Als die Stadt keine Mittel mehr aufbringen konnte, dieses Fleckchen in Betrieb zu halten, sprangen die Nachbarn ein, die sich fortan verantwortlich zeichnen für den Betrieb dieses kleinen Gartens. Geschützt von Mauern und Gebäuden und von einem schmiedeeisernen Tor gedeiht nun ein Reigen an Heil- und Gewürzpflanzen neben duftigen Rosen und imposantem Zierlauch. Die Sitzbänke laden ein, diese Oase in vollen Zügen zu genießen.

Und wer es dem „Durstigen Wanderer" gleich tun und einen verdienten Schluck Wasser trinken möchte, der findet direkt nebenan auf dem Schlossplatz eine Eisdiele, in der man neben Getränken natürlich auch wunderbares Eis bekommt. Wer noch ein Stückchen weitergeht und die Rheinstraße betritt, sieht dort andere Gastronomiebetriebe und historische Schmuckstückchen in Form der „Pfefferbüchsen". Diese sind Teil der Ostmauer und mit ihren achteckigen, gotischen Wachtürmen wahre Hingucker. Von ursprünglich drei Türmchen sind noch zwei erhalten und bilden wegen ihrer Einzigartigkeit im Rheinland eine Besonderheit.

● Schloßplatz, 41541 Dormagen-Zons, Tel. (0 21 33) 2 76 28 15, www.hvv-zons.de
● ÖPNV: Bahnhof Dormagen oder Bahnhof Nievenheim, mit dem Bus bzw. Stadtbus nach Zons

Erinnerungen unter der Linde

65 *Marktplatz in Kalkar*

Mitten in Kalkar, das selbst bereits auf eine achthundertjährige Geschichte zusteuert, steht auf dem Marktplatz eine sage und schreibe 470 Jahre alte Linde, die zum – wen wundert es – beliebten Treffpunkt avanciert ist. Denn auch wenn der Baum aufgrund seiner Größe in der Krone hin und wieder gestutzt werden muss, so bietet er doch allzeit ein grünes Dach für Einheimische und Besucher der Stadt und dient häufig als Ausgangspunkt für Entdeckungsgänge durch die mittelalterlich anmutenden Straßen und Gassen. Ein Fuhrmann aus Qualburg soll einst die Linde nach Kalkar gebracht haben. Das Flair jener Zeit lässt sich leicht erahnen, wenn man vom Baum aus einen Rundblick über den Platz vornimmt. Das historische Rathaus mit seinem Turm ist dabei nur einer der Hingucker dieser schönen Innenstadt. Viele Jahre lang hing Kalkar der negative Ruf vom „Schnellen Brüter" an, der die Menschen zu Tausenden auf die Straßen rief, um dagegen zu demonstrieren. Längst ist das Kernkraftwerk, das nie ans Netz angeschlossen wurde, Geschichte – zumindest, was seine ursprüngliche Bedeutung angeht. Ein Freizeitzentrum (Wunderland Kalkar, früher: Kernwasser- Wunderland) ist stattdessen auf dem Gelände entstanden, das Urlaubern und Anwohnern viel Freude bereitet. Vielleicht hat das Grün der Linde mitten in der Stadt dafür gesorgt, dass die Sorgen der Bürger und Bürgerinnen ernst genommen werden?

TIPP *Das Wunderland Kalkar ist eine besondere Attraktion für Familien.*

Ein paar Minuten unter dem Baum: Das Rascheln der Blätter im Wind hören, sich vorstellen, dass statt Autos die Fuhrwerke vergangener Zeiten über das Kopfsteinpflaster rattern, dass die Händler ihre Waren feilbieten und dass das Volk den zentralen Platz nutzt, um Neuigkeiten auszutauschen. Einen Moment innehalten, ausatmen, um dann weiterzugehen, die Kostbarkeiten dieses Städtchens zu entdecken, vielleicht die gleich nebenan thronende Windmühle anschauen, kann für einen Moment verzaubern. Wie lange dieser Moment anhält? Das liegt ganz bei Ihnen …

Rathaus, Markt 20, 47546 Kalkar, www.kalkar.de, Touristikinformation: Tel. (0 28 24) 13-120
ÖPNV: Bus 44, 45, Haltestelle Kalkar Markt

Altstadt auf preußisch

 66 *Das Preußen-Denkmal in Moers*

Mitten in der Moerser Altstadt prunkt das Preußen-Denkmal auf dem Altmarkt. Eingerahmt von der Steinstraße und der Kirchstraße bildet der pittoreske Platz das Zentrum dieser (vermeintlich) kleinen Perle am Niederrhein. Ringsum haben Gastronomen ihre Zelte, sprich Tische und Stühle herausgeholt, hier trifft man sich, hier spielen Straßenmusiker ihre fröhlichen Melodien, hier redet man über die neuesten Vorkommnisse in der Stadt, hier sitzt man in der Sonne und trinkt in Ruhe seinen Kaffee oder auch ein Bier. Ringsum erzählen die Fassaden der Häuser ihre lange Geschichte. Rund um den Markt wohnten schon im 17. und 18. Jahrhundert angesehene Bürger und Bürgerinnen; zum Beispiel ist am Altmarkt im Haus Nummer 1 der Kirchenlieddichter Gerhard Tersteegen (1697–1769) geboren, der später nach Mülheim an der Ruhr zog. Er beeinflusste die protestantische Erweckungsbewegung maßgeblich. Das Preußen-Denkmal wurde zu Ehren und zur Erinnerung des Besuchs des Preußenkönigs Friedrich IV. im Jahr 1852 von Bürgern der Stadt acht Jahre später gestiftet. Damals feierte man in der Grafschaft Moers die hundertfünfzigjährige Zugehörigkeit zu Brandenburg-Preußen.

TIPP *Genießen Sie die Gegenwart beim Shoppen in der bunten Geschäftswelt der Innenstadt.*

Von hier aus lässt sich in jede Himmelsrichtung Interessantes und Historisches entdecken: Häuser mit Renaissance-Fassaden, das älteste Haus von Moers an der Einmündung zum Neumarkt, das immerhin aus dem 15. Jahrhundert datiert ist und drei Jahrhunderte später zum Stadtpalais umgebaut wurde. Auch die Kirchen und weitere gut erhaltene, zum Teil wiedererrichtete Wohnhäuser werben mit ihrem Charme um Aufmerksamkeit. Wer vom Preußen-Denkmal aus mit wachen Augen die Stadt erobert, wird auch in den liebevoll geführten Geschäften Lohnendes für zu Hause finden. Außerdem gibt es lauschige Plätzchen mit Außengastronomie und lockende Angebote der Kulturszene der Stadt sowie Hinweise auf einen weiteren großen Sohn von Moers, Hanns-Dieter Hüsch, und, und, und.

◉ Altmarkt, 47441 Moers, Tel. (0 28 41) 2 01-0, www.moers.de
◉ ÖPNV: Bus 4, Bus 929, Bus 912, Haltestelle Königlicher Hof

Schimmerndes Wasser

 67 *Naturschutzgebiet Salbruch in Viersen*

Im Naturschutzgebiet Salbruch, nahe bei Viersen-Rahser, sind in den letzten Jahren Wasserflächen entstanden, die so genannten Blänken. Würde man von oben darauf schauen, wüsste man, wie die Niers vor den Zeiten ihrer Begradigung verlaufen ist. Das Flüsschen fließt nicht weit entfernt, aber heutzutage schnurgerade durch die Landschaft. Die Anlage dieser flachen Artenschutzgewässer, die sich scheinbar wie Pfützen durch die Wiesen winden, bildet ein wertvolles Auenbiotop, das in den vergangenen Jahren auch dem Weißstorch ein Zuhause und einen Brutplatz bot. Am Clörather Weg ist ein Aussichtspunkt südlich der Clörather Mühle vom Kreis Viersen angelegt worden. Tafeln mit Erläuterungen und Ruhebänke geben dem Spaziergänger einen Eindruck vom Gestern und Heute und die Möglichkeit, Vögel wie die Reiher bei der Futtersuche zu beobachten. Mit Geduld und guten Augen bzw. einem guten Fernglas finden Interessierte mit Sicherheit auch Amphibien wie Frösche und Kröten.

In dieser Gegend wie auch an der gesamten Niers gab es Ende des 19. Jahrhunderts noch circa fünfzig Getreide- und Ölmühlen. Damals waren diese ein immenser wirtschaftlicher Faktor. Im Laufe der Jahrzehnte nahmen die Bedeutung und damit auch die Zahl der Mühlen ab. Die noch existierenden Exemplare sind heute meist in Privatbesitz wie die Clörather Mühle. Doch über den Wohnzweck hinaus steht diese auch Kunstliebhabern immer wieder offen mit ihren Ausstellungen. Mitten auf der Wiese ist ein Kunstwerk für jedermann sichtbar installiert worden. Darüber hinaus stellen hier Bildhauer, Maler, Grafiker gerne ihre Produkte aus; Musiker der Richtungen Blues, Jazz u. a. demonstrieren in dieser historischen Umgebung ihr Können regelmäßig als Scheunen- oder Open-Air-Konzerte. Der Erhalt bzw. die Renaturierung und der Schutz der empfindlichen Tierwelt sind für die Besitzer der Mühle von großer Wichtigkeit. Sie wollen die lange Vergangenheit der historischen Mühle mit modernen Interessen wie Naturschutz und Freizeitgestaltung verbinden.

TIPP Wer sich für das Angebot der Clörather Mühle interessiert: Tel. (0 21 56) 49 04 56.

⊙ **Clörather Weg, 41749 Viersen, www.viersen.de**
⊙ **ÖPNV: Keine direkte Anbindung**

Unter den Wolken

 68 *Flugplatz Egelsberg in Krefeld*

Manche mögen Bahnhöfe und große Flughäfen, weil sie dort das Gefühl haben, die weite Welt ist zum Greifen nah. Oder weil sie es schön finden, Menschen zu sehen, die sich nach langer Trennung wiedersehen und vor Glück in die Arme fallen. Vielleicht ist es für sie auch spannend zu beobachten, wie Leute sich vor Antritt einer Reise verabschieden, wenn gleichzeitig der Trennungsschmerz und die Vorfreude auf eine abenteuerliche Reise in den Augen zu sehen sind …

In abgespeckter Form kann man solche bewegenden Empfindungen auch auf einem kleinen Sportflugplatz wie dem auf dem Egelsberg erleben. Hier geht es nicht um lange Reisen, die angetreten werden, sondern meist um kurze Flüge, die in erster Linie einen sportlichen Aspekt haben. Dennoch – oder gerade deswegen – ist es nicht weniger spannend, diesen Fliegern zuzuschauen bei ihren Vorbereitungen, bei Start und Landung, beim Fachsimpeln mit Kollegen. Warum gehen die Menschen so gerne in die Luft? Weil es dort oben so befreiend ist? Weil Sorgen hoch am Himmel winzig klein werden? Weil es Spaß macht, mit tonnenschweren Maschinen die Gravitation zu überlisten und eine Leichtigkeit des Seins zu erreichen?

TIPP *Besuchen Sie auch die Egelsbergmühle, das offizielle Denkmal von Krefeld-Traar.*

Und die, die vom Boden aus zuschauen, nehmen in gewisser Weise Anteil. Zu beobachten, wie die Sportflieger unter den Wolken herjagen, von Krefeld aus ganz leicht in andere Städte fliegen können, auf der grünen Piste wieder landen, weil es zu Hause ja doch am schönsten ist …

Die stillen Segelflieger mit den Augen zu verfolgen, wie sie elegant und absolut harmonisch mit der Natur eins zu werden scheinen, ist eine Art von Glückseligkeit, die zwar eher passiv ist, die einem aber ein breites Lächeln ins Gesicht zaubert, denn das Lächeln kommt tatsächlich von weit her, von dort oben irgendwo zwischen der Sonne und den Wolken.

◑ Flugplatz Egelsberg, Lilienthalweg 10, 47802 Krefeld-Traar, Tel. (01 60) 97 37 83 67
www.edlk.de
◑ ÖPNV: Bus 052, 058, Haltestelle Bergstiege

Ein verwunschener Ort

Der Volksgarten in Mönchengladbach

Es gibt viele potenzielle Orte zum Glücklichsein im Volksgarten in Mönchengladbach Ost. Da ist der eher wilde, verwunschene Teil des Parks, der mehr Wald als Garten ist, und da ist der blütenreiche, planvoll angelegte Teil, der einen glatt ins 19. Jahrhundert zurückversetzen kann. Besonders zu erwähnen ist hier die Seebrücke, die das Zeug zum geheimen Treffpunkt für Verliebte hat, für schüchterne Liebeserklärungen oder romantische Offenbarungen für die Ewigkeit. Der Blick auf den Weiher lässt Träume entstehen, lässt Versprechungen die Lippen verlassen, gibt Heiterkeit, Liebe und Hoffnung, Vertrauen, Gelassenheit und Dankbarkeit genügend Raum. Ein Rundgang durch den Garten oder vielleicht auch eine Fahrt mit dem Ruder- oder Tretboot auf dem See verstärkt all die positiven Regungen, die die Natur uns zu entlocken vermag. Besonders idyllisch wird es da, wo die Weide ihre Äste ins Wasser hängen lässt, oder wo die Bäume fast die Konzertmuschel verdecken, wo das Holz vergangener Baumgenerationen Nahrung gibt für keimende Pflanzen.

Der Garten, der einst von Peter Krall (1826–1893) den Bürgern der Stadt zur Verfügung gestellt worden ist, kann aber mehr als nur schön sein. Er kann Spielplatz sein für zahlreiche Kinder, kann Abenteuerplatz für kleine und im Herzen kindlich gebliebene Leute sein, die verborgene Pfade im Gesträuch neben dem Bach Bungt finden, kann den Menschen geruhsame Sonntagnachmittage bescheren, wenn sie auf gut ausgebauten Spazierwegen ein wenig Bewegung haben möchten.

TIPP *Von hier aus ist es nicht weit zum Schloss Rheydt, wo Sie spannende Heimatgeschichte und eine hervorragende Gastronomie erleben.*

Es gibt auch einen angelegten Spielplatz mit Bänken darum herum, von denen aus die Eltern dem Nachwuchs auf dem Sandplatz oder auf den Klettergerüsten zuschauen können. Wenn man anschließend im angegliederten Restaurant zum Essen geht, bleibt am Ende des Tages vermutlich nur die Frage offen, welcher spezielle Ort im Volksgarten denn der schönste war.

○ Volksgarten MG, Carl-Diem-Straße, 41065 Mönchengladbach, Tel. (0 21 61) 2 50
www.moenchengladbach.de
○ ÖPNV: Bus 008, Haltestelle Breiter Graben

Städtchen mit Geheimnissen

 „Rundlauf" in der Altstadt in Kempen

Wo lässt sich ohne große Vorbereitung eine spannende und „geführte" Stadttour unternehmen, bei der man am Ende eine Menge Informationen und viele wunderschöne Eindrücke mitbekommen hat? Der Zusammenschluss von Kempener Geschäftsleuten zum „Werbering Kempen e. V." hat unter anderem dazu geführt, dass Ortsfremde einen solchen Stadtrundgang unternehmen können, ohne sich Literatur beschaffen oder sich einer Führung anschließen zu müssen, denn ein beschilderter Weg leitet die Besucher an sechsundzwanzig ausgewählten Sehenswürdigkeiten vorbei durch die Altstadt. Dass diese viel zu bieten hat, wird jedem schnell klar, sobald man den historischen Stadtkern durch das Kuhtor hindurch beschritten hat. Dieser beschauliche Ort wird auch gerne als schönste Stadt des Niederrheins bezeichnet. Ein weiterer Beiname Kempens ist „Thomasstadt". Thomas von Kempen, geboren 1380, widmete sein Leben den Studien und dem Priesterberuf. Noch heute erinnert das Gymnasium „Thomaeum" an diesen Sohn der Stadt.

Um eine der Stationen auf dem Rundweg herauszupicken, bietet sich unter der wahrlich reichhaltigen Auswahl die Kurkölnische Landesburg an. Errichtet in den Jahren 1396 bis 1400 diente sie dem Kölner Erzbischof Friedrich von Saarweden als Herrschaftssymbol, wie das Wappen über dem Eingang heute noch zeigt. Über zweihundert Jahre später wurde aus der Burg ein Schloss, in dem man wohnen konnte. Doch wenige Jahre danach stürmten hessische Truppen nach der Eroberung der Stadt auch diesen stattlichen Wohnsitz. Im neunzehnten Jahrhundert war, wie die Statue über dem Hauptportal zeigt, das oben erwähnte Gymnasium untergebracht. In der wechselhaften Geschichte dieses stolzen Gebäudes findet sich auch die Kreisverwaltung, die bis in die Achtzigerjahre hier residierte, und das Kreis- und Stadtarchiv, das den aktuellen Nutzen der ehemaligen Burg definiert. Vielleicht entdeckt man gleich nebenan im Café oder in der nächsten Gasse den Ort, der einem ein kleines Glück bringt. Vielleicht kann man sich aber auch nicht entscheiden, weil Kempen so viel zu bieten hat, dass einem vor Glück ganz schwindelig wird.

● Kuhtor, Burgring (Kuhstraße), 47906 Kempen, www.kempen.de
● ÖPNV: Bus 063, 066, Haltestelle Kuhtor

Auf der Spur alter Obstsorten

71 *Der Obstwanderweg in Knechtsteden*

Nördlich von Köln, an der südlichen Grenze der Region Niederrhein, zugehörig zur Stadt Dormagen, liegt das Kloster Knechtsteden, das einst eine Prämonstratenserabtei war und seit 1896 vom Spiritanerorden geführt wird. Kulturhistorisch ist dieses Grundstück von großer Bedeutung, existiert es doch bereits seit dem frühen zwölften Jahrhundert. Wie die meisten noch erhaltenen Bauwerke aus dem Mittelalter hat auch dieses Kloster eine wechselvolle Geschichte und sicherlich viele Geheimnisse. Gegenwärtig bietet die Anlage verschiedenen Einrichtungen ein Zuhause, so finden sich z. B. eine Waldkindertagesstätte, ein Gymnasium, ein Kunstverein, „Das Haus der Natur - Biologische Station im Rhein-Kreis Neuss e. V." und weitere, die alle Interessantes zu berichten haben.

Doch widmen wir uns vorrangig dem Obstwanderweg, der von der Zufahrt zum Spiritaner-Missionshaus rechts abgeht. Ein Informationsschild weist dem Wanderer den Weg. Der Wanderweg, der eigentlich aus drei Strecken unterschiedlicher Länge besteht, wird von der biologischen Station betreut und widmet sich der Erhaltung und Wiederentdeckung alter Obstsorten. Apfelbäume, Kirsch-, Pflaumen- und Birnenbäume stehen hier in einer selten zu findenden Vielfalt. Es handelt sich um alte Sorten, die typisch für das Rheinland sind (waren). Die Zahl der verschiedenen Sorten beträgt stolze hundertzwanzig, die Zahl der Bäume um die dreihundert. Beim Anblick der Bäume hat man schon den leckeren Duft von Apfelkuchen in der Nase oder nimmt sich vor, doch endlich mal wieder ein gesundes Apfel- oder Birnenkompott zu kochen. Auf der kurzen Klosterrunde, die 1,6 Kilometer lang ist, findet man zahlreiche Informationen, z. B. über die „Puspasbirne" oder die „Lotemer Sure". Die zwischen den Bäumen grasenden Schafe, der urtümliche Wald mit seinem üppigen Grün, die knackig grünen und roten Äpfel, die einen durch das Laub heraus anlachen, lassen keinen Zweifel mehr offen: Dies ist ein Ort, an dem man Glück spüren kann. Vor allem bei gutem Wetter bietet es sich an, auch die beiden längeren Routen zu laufen (4,7 und 6,5 Kilometer). Lassen Sie nicht das Obst wandern, sondern tun Sie es selbst.

· ·

Parken: Winand-Kayser-Straße, Ecke Bachweg, 41540 Dormagen
ÖPNV: Bahnstation Dormagen, zwischen Neuss und Köln (S 11), Bus 871, 883, 885
Haltestelle Knechtsteden

Betörende Düfte

72 *Das Rosarium im Schlossgarten Neersen*

Betörend für Augen und Nase sind die Rosen im Rosarium im Schlosspark Neersen. Die von Buchsbaum umrahmten oder in Steinmauern gepflanzten edlen Blumen sind in mannigfacher Ausführung zu bewundern. Da gibt es die Beetrose „Leonardo da Vinci", die Kletterrose „Super Dorothy", die als Zierstrauch blühende „Schloss Eutin", die Edelrose „Konrad Adenauer" und viele mehr, die als anmutige und attraktive Kombinationen mit Lavendel, Zitronenbäumchen oder anderen arrangiert sind. Eine Oase der Farben und Düfte ist hier entstanden. Zu finden ist das Rosarium in Eingangsnähe, wenn man vom Parkplatz des Technischen Rathauses kommt und Schloss und Schlossteich passiert hat. Dieser Abschnitt der Grünanlage ist die Fortführung des einstigen „Italienischen Gartens". Engagierte Rosenpaten kümmern sich liebevoll um die wertvollen Blumen.

Dass das gesamte Areal im Jahr 2002 ein Teil der Landesgartenschau war, verwundert nicht, auch nicht, dass ein Bereich als „Park der Sinne" angelegt war. Sinnliches Erleben haben wir ja schon durch die Rosen, wandelt man weiter durch den Park, erschließen sich einem andere Genüsse sinnlicher und künstlerischer Art. So stehen z. B. einige Plastiken und Skulpturen im Park verteilt, auch gibt es ein Labyrinth. Das Schloss selbst war einst eine Wasserburg an der Niers und wurde bereits im 14. Jahrhundert urkundlich erwähnt. Die Niers ist heute durch die Begradigung im vorigen Jahrhundert rund einen Kilometer weit weg. Zum Schloss avancierte die Burg im 17. Jahrhundert.

TIPP *Probieren Sie Eis, Kaffee und Kuchen in der benachbarten Orangerie.*

Durch die Neersener Schlossfestspiele im Sommer, die seit 1984 im Innenhof stattfinden, sind die Stadt und das Schloss weit über die Region hinaus bekannt. Zurück zum Rosarium: Das ist ein Fleckchen moderner Gartenkunst im historischen Park und bietet nicht nur den Blumenfreunden einen Ruhepol. Von hier aus sieht man auf die weitläufige Wiese, alten Baumbestand, blühende Rhododendren; der Schlossteich mit den quakenden Enten ist in unmittelbarer Nähe, und vielleicht ist es durch die vielen Jahrhunderte bedingt, dass man Folgendes spürt: Entschleunigung.

⊙ Schloss Neersen, Hauptstraße 6, 47877 Willich, Tel. (0 21 56) 94 90, www.stadt-willich.de
⊙ ÖPNV: Bus SB 94, 036, 042, 055, 036, Haltestelle Am Schloss

Kunst macht glücklich

73 *Die Skulpturensammlung in Viersen*

Mitten in Viersens Innenstadt gibt es, direkt an der „Städtischen Galerie" gelegen, ein Kleinod, eine grüne Oase mit großen Kunstwerken für Natur- und Kunstliebhaber. Dank einer privaten Initiative des Vereins für Heimatpflege e. V. ist der frei zugängliche Park aufgrund des Einsatzes vieler Gönner und Freunde ein besonderer kultureller Anziehungspunkt geworden. Dabei erstreckt sich die Kunstsammlung nicht nur auf den Park, sondern rund um das Kreishaus. Als markantes (fast schon) Symbol der Stadt steht am Diergardtplatz der gelandete Stern – „New Star" – eine rote Stahlskulptur des amerikanischen Bildhauers Mark di Suvero. Im Park selbst haben Werke von Erwin Heerich, David D. Lauer und anderen internationalen Künstlern für ein extraordinäres Flair gesorgt und haben der Stadt in den vergangenen zweieinhalb Jahrzehnten einen wertvollen künstlerischen Anstrich gegeben.

Kunst macht glücklich. Macht Kunst glücklich? Selbst Menschen, die sich nicht von den Ergebnissen musischer Inspirationen berühren lassen, werden von der Anlage des Parks angenehm überrascht werden, denn die Arrangements der Sträucher und Bäume mit den Objekten bilden Symbiosen, die in ihrer Schönheit jeden ansprechen. Geht man durch den Laubengang, der sich wie ein schützendes Zelt darbietet, und blickt auf die anliegende Wiese und die uralten Bäume, ist man unwillkürlich verzaubert. Erst recht, wenn die Sonne zwischen den Blättern hindurchblitzt. Der alte Baumbestand rührt zum Teil noch aus der Zeit des rheinischen Industriellen und Seidenfabrikanten Friedrich Freiherr von Diergardt, der in Moers Ende des achtzehnten Jahrhunderts geboren wurde. Gleichzeitig lebte hier auch der Gründer von Kaiser's Kaffee, Josef Kaiser, der in Viersen geboren wurde. Auch hier handelt es sich also wieder um einen Ort, der die Moderne mit der Vergangenheit verbindet. Manchmal ist ein Glücksort wie der erste Dominostein, den man anstößt – weitere Steine folgen, weitere Glücksorte tun sich auf.

TIPP *In der Städtischen Galerie im Park erleben Sie immer wieder sehenswerte Ausstellungen namhafter Künstler.*

○ Städtische Galerie im Park, Rathauspark 1, 41747 Viersen, www.skulpturensammlung-viersen.de
○ ÖPNV: Bus 071, 080, 081, 087, Haltestelle Viersen Rathaus

Still glitzert der See

 Am Borner See in Brüggen

Das Dorf Born wurde urkundlich schon 1136 erwähnt. Der Name bedeutet „Dorf am See" bzw. ist die Bezeichnung für einen natürlich fließenden Quellbrunnen. Im 15. Jahrhundert wurde das Amt Brüggen, zu dem auch Born damals gehörte, von Herzog Wilhelm von Jülich-Berg erworben und diente dem Herzogtum als bedeutender Stützpunkt bis zur französischen Besetzung im 18. Jahrhundert. Born blickt nicht nur auf eine französische, sondern auch preußische Vergangenheit zurück (1815), war selbstständige Landgemeinde und gehört seit 1970 zur Gemeinde Brüggen. Als Sehenswürdigkeiten gelten u. a. die Kirche St. Peter, zwei Denkmäler (Marien- und Josefssäule) sowie die Tatsache, dass sehr engagierte Bürger hier wohnen, die für ein mehrmaliges erfolgreiches Abschneiden bei Dorfwettbewerben („Unser Dorf soll schöner werden") gesorgt haben. Auch die Borner Mühle zählt zu den Besonderheiten. Sie wurde Anfang des 15. Jahrhunderts bereits urkundlich erwähnt und war eine Korn-, Öl-, Getreide- und Walkmühle. Bis in die Sechzigerjahre des letzten Jahrhunderts war sie in Betrieb, dann wurde aus dem Gebäude, das aus den Jahren um 1840 besteht, ein Restaurant. Dieses sowie das gleichnamige Hotel wurden 2014 geschlossen.

TIPP Wer auch Trubel mag, kann sich an Sonntagen im Strandbad Heidweiher austoben und sich in der angeschlossenen Gastronomie verwöhnen lassen.

Aber natürlich gibt es da noch den See: Malerisch gelegen findet er sich zwischen Amern und Brüggen. Mit einer Fläche von ungefähr 127 Hektar fügt er sich still und leise, aber voller Pracht in die Seenlandschaft des Naturparks Schwalm-Nette ein. Er ist „nur" einen Meter tief, bietet aber der heimischen Tierwelt ein Refugium zum Leben und Nisten. Der See entstand durch Austorfungen im 17. und 18. Jahrhundert und drohte im Laufe der Jahrzehnte zu verschwinden. Als nur mehr eine „Pfütze" übrig war, schaffte man enorme Massen an Sand und Erde hinaus und baute ihn zum Hochwasserrückhaltebecken aus. Das hört sich technisch an, ist aber ein gelungener Rückzugsort für Mensch und Tier geworden. Platz nehmen auf einer Bank, aufs Wasser blicken und entspannen. Alles ist gut …

🔴 **Borner See, 41379 Brüggen-Born**
🔴 **ÖPNV: Bus 074, Haltestelle Heidweiher, www.brueggen.de**

„Exit" – auf Gedankenreise

 75 *Das Münster in Mönchengladbach*

974 begann die Geschichte des Münsters St. Vitus. Erzbischof Gero von Köln und der Mönch Sandrad waren auf der Suche nach einem geeigneten Platz für ihre Kirche. Angeblich hörten sie aus dem Hügel, wo nur noch die Ruinen der ursprünglichen Kirche existierten, eine Glocke tönen. Den Ursprung des Klanges suchend stießen sie auf die Reliquien des Heiligen Vitus und anderer Heiliger. Dies deutete man als göttliches Zeichen, dass hier ein Kloster gegründet werden soll. Mönchengladbach wird heute immer noch als „Vitusstadt" bezeichnet.

Eine erste Klosterkirche stand bereits in der zweiten Hälfte des zehnten Jahrhunderts auf dem Abteiberg. Es gab unterschiedliche Bauphasen durch die Jahrhunderte, bis das Münster, so wie es heute zu sehen ist, in seiner Pracht vollendet war. Im April 1275 wurde die Weihe durch Albertus Magnus vorgenommen, nachdem der Baumeister Gerhard, schon damals bekannt als Baumeister des frühen Kölner Domes, die Planung und den Bau für die Erweiterung im gotischen Stil durchgeführt hat.

In der Schatzkammer finden sich heute Goldschmiedearbeiten der Barockzeit sowie des 19. Jahrhunderts, ein kölnischer Tragealtar, das Siegel des Albertus Magnus und verschiedene Handschriften. Die Krypta ist nicht nur eine Besichtigung wert, sondern bildet für die Mönchengladbacher auch einen Ort für Lebendigkeit innerhalb der Kirche, der nicht ausschließlich mit dem Gebet zu tun hat. Hier finden ebenso kulturelle Veranstaltungen statt. In und an der Kirche sind immer wieder Kunstwerke zeitgenössischer Künstler zu finden, die den sakralen Raum nutzen und schätzen. Ein besonderes Zeichen eines namhaften Künstlers findet man am Eingang: Am Hauptportal des Münsters sieht man das Wort „Exit" prangen. Joseph Beuys hielt am 31. März 1972 hier vor der Kirche eine Lesung mit Hölderlin- und Bibeltexten, drückte einen Essigschwamm am Portal aus und schrieb „EXIT" daran. Das lädt ein zu einer Gedankenreise über Beuys, über das Christentum, über einen selbst.

 TIPP Viele anspruchsvolle Werke zeitgenössischer Künstler finden sich im Museum Abteiberg.

● Münsterkirche, Abteistraße 41, 41061 Mönchengladbach, www.moenchengladbach.de
www.pfarre-sankt-vitus.de
● ÖPNV: Bus 010, 019, Haltestelle Abteiberg

Geschichte und Geschichten

 76 *Altstadt in Dinslaken*

Dinslaken versteht sich als Schnittstelle von Niederrhein und Ruhrgebiet und liegt im Osten vom Kreis Wesel. Daran angrenzend befindet sich das Naturschutzgebiet Hohe Mark. Am Rhein gelegen bietet die Stadt mit circa 70.000 Einwohnern sowohl viel Natur und Grün als auch kulturelle Vielfalt und eine spannende Historie. Man hat die Innenstadt in den letzten Jahren mit dem Bau eines neuen Einkaufscenters aufgewertet und einen attraktiven Platz gestaltet (Neutorplatz). Auch die Fußgängerzone bietet viel Abwechslung und einen bunten Reigen an Geschäften. Historisches muss man nicht lange suchen: Da fällt rasch die Evangelische Stadtkirche auf, die auf der Duisburger Straße steht und seit 1720 ihren Platz dort hat. Seit der Jahrtausendwende erstrahlt sie in renoviertem Glanz und kann besichtigt werden. Nicht weit davon entfernt liegt die klassische Altstadt. Hier findet sich die katholische Kirche St. Vincentius auf dem Altmarkt. Durch Zerstörung, Wiederaufbau und Anbauten stellt dieses Gotteshaus in seiner Bauweise eine Besonderheit dar. Auch die Grünanlage rund um die Kirche ist eine Wohltat fürs Auge. Liebevoll und gleichzeitig urig, fast romantisch zeigen sich Bäume, Sträucher und Blumen. Ein paar Schritte weiter Richtung Museum Voswinckelshof stößt man auf Lokale für Nachtschwärmer und Leute, die das Besondere schätzen. Da gibt es z. B. die Alte Apotheke, in der heutzutage Wein und Speisen serviert werden. Außerdem finden dort kulturelle Veranstaltungen statt. Hier und an vielen weiteren Orten der kleinen Gassen in der Dinslakener Altstadt fühlt man sich in frühere Zeiten zurückversetzt. Die Fassaden spiegeln so viel von der Vergangenheit wider, was durch – wie absichtlich gesetzte – Details verstärkt wird. Sei es durch einen alten, aber gepflegten Blumenkübel, sei es durch die historische Pumpe mit originalem Schwengel. Es ist ein Spaziergang durch Geschichte und Geschichten. Vielleicht trifft man auf Menschen, die schon lange hier leben und die die Stadt lieben und schätzen. Ach, was sag ich – vielleicht? – Bestimmt!

TIPP Modern präsentiert sich der Neutorplatz und lädt zum Shoppen ein.

🔵 **Evangelische Stadtkirche Dinslaken, Brückhofstraße; Kirchplatz St. Vincentius, Altmarkt Museum Voswinckelshof, Elmar-Sierp-Platz 6, 46535 Dinslaken, www.dinslaken.de**
🔵 **ÖPNV: Bus 915, Haltestelle Duisburger Straße**

Für die innere Stille

77 Die St. Nicolaikirche in Kalkar

Kommt man über die Altkalkarer Straße in die Stadt Kalkar hinein, sieht man schon von Weitem den Turm von St. Nicolai. Wegen verschiedener Besonderheiten ist dieses Gotteshaus zur Berühmtheit geworden. Erhaben ragt die Kirche zum Himmel empor. Ebenso wirkt sie vom Marktplatz aus, als wolle sie die umliegenden Bauten überthronen. So bietet das Kirchengebäude sowohl äußerlich als auch in seiner Bedeutung für Gläubige ein imposantes Zentrum der Besinnung und damit des Wohlbefindens. Ursprünglich beherbergte man unter dem Dach von St. Nicolai achtzehn geschnitzte Retabel (Altaraufsätze), von denen noch neun vorhanden sind. Daneben sind die Kirchenfenster sehenswert, die Seifert-Orgel und das Chorgestühl sowie der Marienleuchter. Der Bau der Kirche begann im 13. Jahrhundert, Anfang des 15. Jahrhunderts kam es zu einem verheerenden Brand. In der Folge dessen wurde die dreischiffige Halle errichtet. Im Laufe der vielen Jahre und durch Kriegsgeschehnisse kam es zu Schäden und Verfall, die jedoch durch umfangreiche Restaurationen behoben worden sind. Es lohnt sich, sich mit der Historie, besonders mit

TIPP Unternehmen Sie einen Bummel durch den Stadtpark, der eine Menge sinnlicher Erfahrungen bietet.

der mittelalterlichen Kunst, auseinander zu setzen und sich dann in Ruhe und mit Muße als Kontrast zur alten Kunstfertigkeit die modernen Kirchenfenster anzuschauen. Zu Beginn dieses Jahrtausends unternahm der Glasmaler, Biologe und Physiker Karl-Martin Hartmann mit seiner Neugestaltung der Fenster eine Reise in die Tiefen der Physik und ins Universum, denn seine Motive sind u. a. Spektroheliogramme, Feynmandiagramme sowie eine Aufnahme des Galaxienhaufens Abell 2218. Er möchte damit eine Verbindung schaffen zwischen der urtümlichen Funktion katholischer Kirchenfenster als Verkündigungsinstrument und den neuen Erkenntnissen über die Entstehungsgeschichte des Universums. Das ist ein spannender Spagat, auf den man sich einlassen kann – ganz in Ruhe und mit Muße. Danach kann man der uralten Linde auf dem Marktplatz einen Besuch abstatten und sich fragen, was dieser Baum wohl zur Kirchengeschichte sagen würde, wenn er sprechen könnte.

🔴 St. Nicolaikirche, Jan-Joest-Straße 6, 47546 Kalkar, Tel. (0 28 24) 97 65 10, www.kalkar.de
🔴 ÖPNV: Bus 44, 45, Haltestelle Am Bollwerk

Fast wie im Märchen

 78 *Umgebung der Tüschenbroicher Mühle in Wegberg*

Wassergraben, Schloss, Weiher und Wehrhügel erschließen sich dem Besucher schnell, sobald man vom Parkplatz aus Richtung Schloss unterwegs ist. Das sich in Privatbesitz befindende Anwesen vergegenwärtigt immer noch Aspekte des Mittelalters. In der ehemaligen Getreidemühle, die bis 1940 ihren Dienst versah, ist ein Restaurant untergebracht. Das Schloss, welches ursprünglich im achten Jahrhundert erbaut wurde und zu dessen Schutz auch der Wehrhügel (Motte) errichtet wurde, fand im Jahr 1173 erste urkundliche Erwähnung. Der Dreißigjährige Krieg brachte Zerstörung auch über dieses Bauwerk. Die dahinter liegende Ölmühle, datiert auf das Jahr 1698, wurde bis 1912 genutzt. Beide Mühlen wurden unabhängig voneinander betrieben; die örtlichen Bauern mussten hier ihr Getreide und ihre Leinsamen mahlen lassen. Da im Schwalmtal der Flachsanbau besonders im 18. Jahrhundert dominierte, brauchte man für die Leinenherstellung und Ölproduktion entsprechend viele Mühlen.

Beim Spazieren Richtung Wald fallen die Forellenteiche auf sowie die Fischerhütte mit eigener Räucherei. Angler kommen voll auf ihre Kosten und werden neben Forellen auch ihr Vergnügen an Hechten, Karpfen, Stören, Welsen und etlichen anderen Fischarten finden.

TIPP *Für Anfragen zur Ulrichskapelle: Tel. (0 24 34) 42 80.*

Hinter der Ölmühle gelangt man in den Wald, der nicht nur Ort der Bäume ist, sondern auch Rückzugsmöglichkeit und Sportgebiet. Vermehrt tummeln sich die Nordic Walker, was nicht davon abhalten kann, Ruhe und frische Luft zu genießen. Das Gebiet ist Geburtsort der Schwalm, was Grund und Boden irgendwie besonders macht, denn die Schwalm ist nicht nur Namensgeberin für Orte der Region, sondern ist für die Prosperität der Gegend maßgeblich gewesen. Geht man ein Stück in den Wald hinein, stößt man auf eine Kapelle. Es handelt sich um die Ulrichskapelle aus dem 17. Jahrhundert. Das kleine Gotteshaus befindet sich in Privatbesitz, kann jedoch für Festlichkeiten angefragt werden.

> ● Parken an Tüschenbroicher Mühle, Gerderhahner Straße, 41844 Wegberg; www.wegberg.de
> ● ÖPNV: Keine direkte Anbindung

Marmor, Stein und Eisen ...

 79 *Naturdenkmal Findling im Waldgebiet Leucht*

Der Findling in der Leucht, einem großen, zusammenhängenden Waldstück auf Kamp-Lintforter Stadtgebiet ist immerhin schon über eine Million Jahre alt. Es handelt sich um einen schwedischen Granit, dem offensichtlich nichts etwas anhaben kann. Er steht an der Waldkreuzung Rennweg/Bierweg; ihm schräg gegenüber hat man einen Schutzpilz aufgebaut, der zur Rast einlädt und von dem aus man die Lichtung und somit den Findling gut im Blick hat. Sich vorzustellen, welche Zeiten dieser Stein schon überdauert hat, ist unmöglich, aber die Anwesenheit dieses Uraltgesteins rückt einem die Gegenwart förmlich zurecht. Dazu umfängt einen das üppige Grün des Waldes mit offenen Armen. Ein rechter Ort zum Durchatmen und zum Lauschen. Es raschelt und wispert überall. Im Frühherbst fallen rechts und links die Eicheln von den Bäumen und purzeln über Gehölze und Stämme ins weiche Bodenbett. Fast scheint es, als wolle der Specht dieses Idyll nicht trügen, wenn er scheinbar vorsichtig beginnt, gegen einen Stamm zu klopfen. Die anderen Vögel lassen sich nicht beirren und singen weiter ihre Melodien, und die Sonne bricht sich immer wieder Bahn und beleuchtet die Wege.

TIPP Bei einem längeren Spaziergang entdecken Sie bestimmt weitere Natur- und Kulturdenkmäler wie die Stieleiche, Hügelgräber oder eine historische Wallanlage.

Die Leucht ist insgesamt circa zwölftausend Hektar groß; ihr früherer Name war „Lucht", was sowohl „Luft" bedeutet (Niederländisch) wie auch „Heuboden" (Niederdeutsch). Fest steht auf jeden Fall, dass dieser Wald schon immer als wertvolle Ressource z. B. für die Holzbedarfe der Schifffahrt genutzt wurde, für die Weidehaltung von Vieh, man hat sich hier die Einstreu für die Ställe geholt und natürlich Holz zum Feuern geschlagen. Schon die Römer betrieben hier Waldrodungen. Heute ist die Leucht eine Quelle für Entspannung, die sich manche joggend verschaffen, andere ziehen einen ruhigen Spaziergang vor, wieder andere steuern besondere Ziele an wie den Findling, um sich selbst in der Zeit zu spüren, eine Brise übers Gesicht ziehen zu lassen und gestärkt in den Alltag zurückzukehren.

⊙ **Wanderparkplatz Waldweg, von dort circa 900 Meter bis zur Kreuzung Rennweg/Bierweg (links halten, dann links abbiegen bis ein Wiesenweg rechts abgeht, weiter geradeaus bis zur Kreuzung)**
⊙ **ÖPNV: Keine direkte Anbindung, Bus 67, nächste Haltestelle Pötters**

Dort, wo Meister spielen ...

80 *Der Stadtpark in Uerdingen*

Der Stadtpark lockt zu allen Jahreszeiten Krefelder Bürger, aber auch Gäste der Stadt, denn er ist ein Refugium zum Durchatmen und Erholen. Als eine von wenigen öffentlichen Anlagen zeigt er einen Garten mit Taglilien, der Sorten von europäischen und amerikanischen Lilien sowie einige alte Varianten beinhaltet. Außerdem gibt es ein Züchterehepaar in Uerdingen, dessen Arten ebenfalls zu sehen sind. Die Lilien blühen im Hochsommer, aber bereits das Frühjahr weist eine Besonderheit mit einer großen Narzissenwiese auf. Auf zweitausend Quadratmetern strecken über zehntausend Narzissen ihre gelben und weißen Köpfe der Sonne entgegen. Der Weiher mit einer zehn Meter hohen Fontäne sorgt für besonderes Flair und bietet mit Sitzflächen ringsum einen angenehmen Ort, um die Gedanken schweifen zu lassen. Schon seit 1897 nutzen Krefelder Bürger dieses Naherholungszentrum, um eben den Kopf frei zu bekommen, um sich zu treffen, Neuigkeiten auszutauschen und am Wasser zu sitzen. Boot fahren konnte man in den Anfangsjahren auch, und ein Restaurant sorgte seit spätestens 1911 für die leibliche Versorgung. Im Süden des Parks findet man das teilweise denkmalgeschützte Gebäude. Dass es Möglichkeiten zum Toben und Klettern für Kinder gibt, erklärt sich vermutlich von selbst. Genauso sind gepflegte Spazierwege angelegt, um sich die Beine zu vertreten. Apropos Bewegung: Es gibt die Minigolfanlage, wo der Bahnengolfclub Uerdingen e. V. sein Zuhause hat. Auf den Betonbahnen, sorgsam angelegt unter Bäumen, kann man auf Bundesliganiveau das Minigolfen üben. Hier treffen sich Sportler von Rang und Namen. Auch wer das Deutsche Sportabzeichen erlangen möchte, kann sich nun im Minigolf ausprobieren. Und wer keine Medaillenabsichten verfolgt, wird trotzdem das Glück des Erfolgreichen fühlen, das sich zwangsläufig einstellt, wenn der Ball ins Loch fällt. Dazu die Sonne, eine Brise, die einem ins Gesicht weht, das Rascheln des Laubes, die Aussicht auf ein leckeres Eis oder kühles Bier nach der Partie – der Stadtpark in Uerdingen ist auf diese Eventualitäten eingerichtet.

● Stadtpark Uerdingen, Parkstraße, 47829 Krefeld, www.krefeld.de
● ÖPNV: Bus 058, Haltestelle Topsstraße

Bibliografische Informationen der Deutschen Nationalbibliothek
Die Deutsche Nationalbibliothek verzeichnet diese Publikation in der Deutschen Nationalbibliografie;
detaillierte bibliografische Daten sind im Internet über http://dnb.d-nb.de abrufbar.

© 2016 Droste Verlag GmbH, Düsseldorf
Konzeption/Satz: Droste Verlag, Düsseldorf
Einbandgestaltung und Illustrationen: Britta Rungwerth, Düsseldorf unter Verwendung von Bildern von
© Fotolia.com: jd – photodesign.de; © iStock: Plociennik Robert
Fotos: Barbara Klein, außer:
S. 11, 63, 75: S. Lucas; S. 19: Griesson-de Beukelaer GmbH & Co. KG; S. 33: Achim Kubiak; S. 45: Michael Rennertz;
S. 53: fotolia@Hanseat, Gerold Hohnholt; S. 57: Michael Pruckner/allrounder; S. 81: Makis Foteinopolus;
S. 109: fotolia@Robert Kneschke; S. 121: Birgit Gerlach; S. 129: Tomas Riehle/Arturimages; S. 131: Heiko Hagelstein;
S. 163: fotolia@Edwin Bühler
Druck und Bindung: Werbedruck GmbH Horst Schreckhase, Spangenberg
ISBN 978-3-7700-1567-2

www.drosteverlag.de